Hamburger Köpfe
Herausgegeben von der ZEIT-Stiftung
Ebelin und Gerd Bucerius

Impressum / Bildnachweis

Die Deutsche Bibliothek – CIP-Einheitsaufnahme

Aurbek, Gisa:
Rolf Liebermann / Gisa Aurbek. –
Hamburg : Ellert und Richter, 2001

ISBN 3-8319-0006-X

Fachbeirat: Franklin Kopitzsch, Hans-
Dieter Loose, Hamburg
Text und Bildlegenden: Gisa Aurbek,
Hamburg
Lektorat: Elisabeth Heise, Großhans-
dorf
Gestaltung: Büro Brückner + Partner,
Bremen

Satz und Lithographie: KCS GmbH,
Buchholz/Hamburg
Druck: Druckwerk GmbH, Peine
Bindung: S. R. Büge, Celle

Bildnachweis

Action Press/Sipa: S. 83
AKG Berlin/Horst Maack: S. 20
Gamma/Simon: S. 75
NDR-Pressestelle, Hamburg: S. 31
Fritz Peyer, Hamburg: Titelfotos, S. 8,
37, 41, 43, 45, 47, 49, 50, 51, 53, 55,
57, 59, 61, 65, 67, 71, 73, 89, 93, 95,
97, 98, 99, 123, 127, 129
Bernd Seuffert, Hamburg: S. 104, 105
STERN-Syndication/Axel Carp: S. 24
Ullstein Bilderdienst: S. 15
Stephan Wallocha, Hamburg: S. 128

Hamburger Köpfe

Rolf Liebermann

Gisa Aurbek

Ellert & Richter Verlag

Inhalt

Zur Biographienreihe „Hamburger Köpfe"

Mit Rolf Liebermann liegt nunmehr der fünfte „Hamburger Kopf" in der Biographienreihe gleichen Namens vor. Die Idee, Persönlichkeiten, deren Wirken ganz besonders mit der Hansestadt in Verbindung steht, mit einem Lebensbild zu würdigen, fiel im April 1998. Helmut Schmidt, Bundeskanzler a. D. und Kuratoriumsmitglied der ZEIT-Stiftung, gab den Anstoß dazu während einer Arbeitssitzung im Hamburger Rathaus.

Seit Herbst 2000 hat die ZEIT-Stiftung Biographien des Reeders Albert Ballin, der Bürgermeister Carl Petersen und Otto Stolten sowie des Pianisten Conrad Hansen vorgelegt. Bereits in diesen ersten Bänden sind inhaltliche Breite und Anspruch der Reihe niedergelegt: In ebenso wissenschaftlich fundierten wie gut lesbaren und attraktiv ausgestatteten Bänden soll das Leben und Wirken bedeutender Persönlichkeiten einer breiten Öffentlichkeit nahegebracht werden.

Die Resonanz auf die ersten Bände ist erfreulich: Die Ballin-Ausgabe wird demnächst in zweiter Auflage erscheinen, Lebensbilder von Ida Ehre, Adolph Schönfelder, Alfred Lichtwark, Justus Brinckmann, Hans Henny Jahnn und Max Brauer sind in Vorbereitung und werden bis Ende 2002 folgen.

Ist Rolf Liebermann ein „Hamburger Kopf"? Wir meinen: Ja! Liebermann hat das kulturelle Leben in der Hansestadt über Jahrzehnte maßgeblich geprägt: Er hat in den Nachkriegsjahren beim Norddeutschen Rundfunk wesentliche Aufbauarbeit geleistet und sich immer wieder für junge Künstler und die zeitgenössische Musik eingesetzt. Im Mittelpunkt von Liebermanns Wirken in Hamburg stehen sicherlich seine beiden Intendanzen an der Hamburgischen Staatsoper 1959–1973 und 1985–1988. Wie nur wenige Operndirektoren der Nachkriegszeit hat er es verstanden, in immer neuen Deutungen die Zeitlosigkeit des großen Opernrepertoires aufzuzeigen und zugleich ein ständiges Forum für die zeitgenössische Oper zu schaffen. Werke herausragender Komponisten des 20. Jahrhunderts wie die von Boris Blacher, Hans Werner Henze oder Mauricio Kagel haben im Haus an der Dammtorstraße das erste Licht erblickt. Aber auch viele der bekanntesten Opernstars unserer Tage wurden von Liebermann entdeckt und haben hier ihren Durchbruch erlebt. Stellvertretend für viele andere seien nur Tatjana Troyanos und Placido Domingo genannt.

Das Wirken Rolf Liebermanns in der Hansestadt Hamburg ist noch heute zu spüren. Die zeitgenössische Musik hat in den Spielplänen der Hamburgischen Staatsoper und den Programmen des Norddeutschen Rundfunks ihren unangefochtenen Platz. Seit Liebermanns Zeit ist Hamburg ein Zentrum der Gegenwartsmusik.

Unser Dank gilt allen, die sich um die Realisierung dieses Bandes verdient gemacht haben. Dies sind neben der Autorin Frau Dr. Gisa Aurbek Herr Professor Dr. Hans-Dieter Loose, Professor Dr. Franklin Kopitzsch, die Verleger Frau Marita Ellert-Richter und Herr Gerhard Richter sowie in der ZEIT-Stiftung Herr Dr. Philipp Adlung.

Hamburg, im September 2001

Prof. Dr. Michael Göring
Geschäftsführendes Vorstandsmitglied
ZEIT-Stiftung Ebelin und Gerd Bucerius

Rolf Liebermann mit der Partitur von „Enigma"
in der Hamburger Musikhalle, wo sein Werk
1995 unter der Leitung von Gerd Albrecht uraufgeführt wurde.

Vorwort

Eine Reihe glücklicher Zufälle sei es gewesen, die ihn in seinem Leben zu dem gemacht habe, der er heute sei, resümierte Rolf Liebermann in seinen späteren Lebensjahren. Opernintendant hätte er nie werden wollen. Nach Hamburg an den Norddeutschen Rundfunk (NDR) habe ihn sein Freund Hans Schmidt-Isserstedt „verschleppt", und der wiederum habe ihn im Schweizerischen Rundfunk kennengelernt, und dorthin habe ihn Hermann Scherchen geholt. Und überhaupt: „Es könnte auch anders gewesen sein. Es sind halt so die Dinge, die einem unterlaufen." Rolf Liebermann hat gern erzählt, und seine leuchtenden Augen erzählten mit. Sie unterstrichen die Eindringlichkeit seines Vortrages und die Brisanz seiner Histörchen und Bonmots, in denen die Chronologie schon einmal im Anekdotischen steckenblieb. Liebermann war sich seiner interessierten Zuhörer stets sicher, seine Erzählungen wurden zu Begegnungen. In Vorträgen und Interviews reflektierte er über seine Visionen, Kämpfe und Erfolge. Unterhaltsam belehrte er in gutem Sinne und führte seine Zuhörer in die Welt des Musiktheaters.

Nach der Zeit seiner ersten Intendanz an der Hamburgischen Staatsoper (1959–1973) und nachdem er drei Jahre als künstlerischer Direktor der Grand Opéra (1973–1980) in Paris gearbeitet hatte, teilte er seine Erinnerungen in mündlicher Form Bernhard Sizaire und Stephen Wendt mit, die sie 1976 unter dem Titel „Actes et Entractes" herausgaben. Die deutsche Übersetzung erschien 1977 im Scherz-Verlag als „Opernjahre – Erlebnisse und Erfahrungen vor, auf und hinter der Bühne großer Musiktheater ".

Mit zahlreichen Anekdoten gespickt, spiegeln sie den Rang Rolf Liebermanns im Musik- und Kulturbetrieb wider, werden zu einer Revue großer Künstler und Persönlichkeiten aus Politik und Wirtschaft, vermitteln die Atmosphäre der künstlerischen Wirklichkeit.

Im Jahre 1981 gab er sein Buch „Und jedermann erwartet sich ein Fest" heraus, eine Reflexion über die Aufgaben eines Intendanten im allgemeinen und eine Darstellung der Arbeiten an der Pariser Oper im besonderen. Diese schriftlichen Zeugnisse Rolf Liebermanns, zusammen mit seinen Äußerungen in Interviews, Gesprächen, Vorträgen sowie in seinen „Musikalischen Selbstportraits" von 1962/63 und 1990, sind eine der Säulen für die Erstellung dieses Lebensbildes. Wichtige Quellen waren auch Publikationen von Personen, die mit ihm gelebt und gearbeitet haben, wie die Erinnerungen seiner ersten Frau Gioconda (Göndi) Liebermann („Spannungen – Mein Leben mit Rolf Liebermann", 1985) und der Bericht der langjährigen Dramaturgin Irmgard Scharberth „Musiktheater mit Rolf Liebermann – Der Komponist als Intendant, 14 Jahre Hamburgische Staatsoper" von 1975. Auch Kritiken und Berichte in der deutschen und internationalen Presse sind herangezogen worden. Wertvoll für meine Arbeit waren auch Gespräche, die ich persönlich mit den Personen führen konnte, die eng an seiner Seite lebten und arbeiteten, die ihn in wichtigen Situationen bei wichtigen Entscheidungen begleitet haben. Mein Dank gilt seiner Ehefrau Hélène Vida-Liebermann; der Festivalgründerin und langjährigen Leiterin des Festivals der Frauen, später „Hammoniale" (heute „Fest der Kontinente Berlin"), Irmgard Schleier; der Schriftstellerin und Lyrikerin Ursula Haas sowie Fred Eckhard, dem Referenten des Vorstandes für Ballettfragen ab 1967 und von 1971 bis 1973 Ballettdirektor an der Hamburgischen Staatsoper.

Rolf Liebermann – ein „Hamburger Kopf"?

Rolf Liebermann ist nicht in Hamburg geboren, nicht gestorben und liegt hier auch nicht begraben. Er kam eigens zum Zweck seiner beruflichen Tätigkeiten aus der Schweiz nach Hamburg. Am 1. Oktober 1957 übernahm er die Leitung der Hauptabteilung Musik beim Norddeutschen Rundfunk. Zwei Jahre später war er der Intendant der Hamburgischen Staatsoper, und er blieb es 14 Jahre lang. Als er ging, war überall, sowohl im Rundfunk als auch in der Oper, vieles verändert, Neues in Gang gebracht. Rolf Liebermann hat die Hamburgische Staatsoper auf Weltniveau gehoben, und der Glanz, den er ihr brachte, strahlte mit über die ganze Stadt. Er wurde zu einem der gefragtesten Intendanten, dessen Vertragslaufzeiten aufmerksam im Visier der renommierten internationalen Bühnen blieben.

Es war ein Zeichen seiner Verbundenheit mit Hamburg, daß er im Februar 1985, als es im Opernhaus bedenklich kriselte, noch einmal für drei Jahre als Nothelfer an die Staatsoper kam. Er stabilisierte die Arbeitsbedingungen am Haus und entwickelte ein Konzept für die nahe Zukunft, eine Arbeitsgrundlage für den nächsten Intendanten.

Rolf Liebermann lebte gern in Hamburg, „die Stadt ist mir einfach ans Herz gewachsen. Hier fühle ich mich zu Hause", bekannte er, um sich bei anderer Gelegenheit mit dem ihm eigenen schelmenhaften Charme als einen „in Hamburg geduldeten Asylanten" zu bezeichnen. Er identifizierte sich mit „seiner Hamburger Oper", als deren Ehrenmitglied er sie 1973 zum erstenmal verließ. Die Opernleitung mit den einzigartigen Erlebnissen und mit vorher nie für möglich gehaltenen Freundschaften wurde zu seinem Lebensinhalt schlechthin, um so mehr, da es kein familiäres Rückzugsgebiet gab; denn seine Familie war nicht wirklich mit nach Hamburg gekommen.

Liebermann war ein angesehenes Mitglied der Hamburger Gesellschaft. Die ihrerseits nahm an seinen Erfolgen Anteil, hohe Vertreter aus Staat und Wirtschaft waren regelmäßig zu Gast auf Premierenfeiern. Den „fabelhaft vernünftigen" Finanzsenator und späteren Ersten Bürgermeister Herbert Weichmann sowie den großen Mäzen Hamburgs Dr. h. c. Kurt A. Körber nannte er Freunde, für die es sich lohne, trotz Ärgers und Enttäuschungen in Hamburg zu bleiben. Altbundeskanzler Helmut Schmidt gestand am 2. Juli 1988 gegenüber der Tageszeitung DIE WELT: „Als er schließlich von Hamburg an die Pariser Oper ging, war ich eigentlich auf meinen Freund Giscard d'Estaing ein wenig eifersüchtig."

Rolf Liebermann war auch Weltbürger. Seine Aufgaben führten ihn in viele Länder, und wo er arbeitete, gab er sich mit ganzer Kraft ein, als ginge es um sein eigenes Haus. De facto Schweizer, fühlte er sich in Hamburg zu Hause, genauso wie in Paris oder zeitweise in Italien. Mit seiner künstlerischen Arbeit hinterließ er Spuren bis nach Amerika, er fühlte sich verbunden mit den osteuropäischen Völkern. Sprachen waren ihm kein Hindernis; Deutsch, Französisch, Englisch, Italienisch eine Selbstverständlichkeit. Sein Traum war ein Europa, in dem die Menschen nicht durch Ländergrenzen getrennt voneinander leben würden, daran wollte er mitarbeiten.

Liebermann war Musiker und Komponist, und er hatte die Begabung, die Musik mit den ihr innewohnenden Kräften für seine politischen Vorhaben zu instrumentalisieren. Er gehörte zu den Menschen, die so unerschütterlich an ihre Ziele glauben und überzeugend wirken, daß sie Menschen motivieren und Zweifel beseitigen können. Am Ende seines Lebens wußte er sich seinem Traum von einer geeinten Menschheit nicht näher gekommen. Als es ihm aufgrund der politischen Entwicklung geboten schien, Deutschland Ende 1991 zu verlassen (siehe dazu S. 126 f.), fand er nicht gleich das Land, in dem er, seinen Grundsätzen treu bleibend, innerlich ruhig leben konnte.

Wenn Rolf Liebermann mit ein wenig Koketterie von „Zufällen“ sprach, meinte er in Wirklichkeit eine Reihe für ihn wichtiger Menschen, die ihm zum richtigen Zeitpunkt begegneten und an richtige Orte lenkten. Und für die hat er selbst gesorgt. Nach dem Motto „Das Leben ist gemacht von Begegnungen“ hat er instinktiv Künstler und Personen aus Politik und Wirtschaft, die für ihn und seine Pläne wichtig werden könnten, an sich gezogen und sogar deren Freundschaft gewonnen. Allerdings hätten sich diese Persönlichkeiten wohl kaum für ihn interessiert, wäre er nicht auch für sie ein bemerkenswerter Mensch gewesen, ein talentierter Musiker, ein charmanter und kluger Gesprächspartner mit gewinnenden Umgangsformen. Schließlich hätten ihm all die „Zufälle“ nichts genutzt, hätte er nicht die Kraft gehabt, seinen Willen durchzusetzen und an Widersprüchlichkeiten und Konflikten zu wachsen. Er kämpfte zeitlebens für seine Grundsätze und entwickelte dabei Toleranz und Liberalität. Er litt unter Niederlagen, um aus ihnen Kraft für Neues zu schöpfen. Er ärgerte sich über Ungerechtigkeiten, er konnte eigene Irrtümer zugeben.

Rebellion und Leidenschaft

Jüdisch-familiärer Hintergrund – politischer Standort

Der folgenreichste „Zufall" für Rolf Liebermann war, daß er als Schweizer Bürger auf die Welt gekommen ist. Das hat es ihm als Juden ermöglicht, überhaupt so viel zu erreichen oder vielleicht sogar zu überleben; denn bei der politischen Entwicklung in Deutschland hätte auch er Schaden an Leib und Leben nehmen können. Während der Naziherrschaft gab ihm sein Schweizer Paß Sicherheit.

Trotzdem blieb dem kritischen Heranwachsenden ein ungutes Gefühl, denn nicht seine gesamte, ursprünglich in Berlin ansässige Familie lebte in der Schweiz. Sein Großonkel, der Maler und Hauptmeister des deutschen Impressionismus, Max Liebermann (1847–1935), lebte zum Beispiel noch in Berlin. Mit ihm fühlte er sich aufgrund gemeinsamer künstlerischer Interessen stark verbunden. Er wohnte während seines zunächst begonnenen Jurastudiums zeitweise bei seinem Großonkel, wo er das kulturelle Leben der Hauptstadt neugierig genoß. Ihre gemeinsamen Reflexionen über Kunst und Zeitgeschehen haben die politische Standortfindung Rolf Liebermanns mit beeinflußt, und es gibt auch Parallelen in ihrem Leben wie auch in ihrem künstlerischen und kulturpolitischen Schaffen.

Max Liebermann hat – wie später sein Großneffe Rolf – auch das Großbürgertum zunächst irritiert, indem er als sein Repräsentant

Rolf Liebermanns Großonkel, der Maler Max
Liebermann, mit Ehefrau Martha, Tochter Käthe
und Enkelin Maria in der Berliner Villa am
Wannsee, 1924

Motive aus dem Arbeitsleben einfacher Menschen suchte und
diese in krassem Naturalismus malte. Zusammen mit seiner Auf-
fassung von Porträtmalerei brachte ihm das in Deutschland sogar
den Ruf des „Apostels der Häßlichkeit" ein. Auch er fand – wie
Rolf Liebermann in dem Mäzen Kurt A. Körber – einen Förderer
und mutigen Kunstverständigen, den damaligen Leiter der Hamburger Kunsthalle Alfred Lichtwark, der seine Bedeutung für die
moderne Malerei erkannte und als erstes Bild „Die Netzflickerin"
erwarb. Dank großzügiger Mäzene konnte die Hamburger Kunsthalle in der Folgezeit ihre Liebermann-Sammlung erweitern, die
bald als die größte eines deutschen Museums galt, bis die Bilder
in der Nazizeit als entartete Kunst entfernt wurden. Auf der anderen Seite genoß Max Liebermann das Leben des wohlhabenden
Großbürgers in seinem Stadtpalais am Pariser Platz in Berlin und
in seiner Villa in Wannsee, und mit seinen Anekdoten, Geschich-
ten und Witzen konnte der schlagfertige Grandseigneur ein un-
vorbereitetes Umfeld jäh überraschen. Sein kulturpolitisches Engagement brachte ihm im Oktober 1920 das Amt des Präsidenten

der Preußischen Akademie der Künste ein, 1932 wurde er Ehrenpräsident. Nach dem Krieg, anläßlich seines 100. Geburtstages,
wurde in Hamburg-Othmarschen die „Liebermannstraße" nach
ihm benannt.

Zutiefst erschüttert war Rolf Liebermann, als er von dem Schicksal seines Großonkels und dessen Ehefrau Martha im Nazi-
deutschland hörte. Als Max Liebermann einsah, daß seine Hoffnung, eine für beide Seiten fruchtbare deutsch-jüdische Symbiose,
keine Chance mehr hatte, kam er seinen Peinigern zuvor und erklärte am 7. Mai 1933 seinen Rücktritt als Ehrenpräsident der
Preußischen Akademie der Künste. „Wir müssen dem Assimila-
tionstraum entsagen", stand in seinen Briefen, die er kurz vor seinem Tod im Jahre 1935 an Freunde schrieb.
Grausam erging es seiner Witwe Martha. Als sie nach unerträglichen Schikanen am 5. März 1943 zum Transport nach Theresien-
stadt abgeholt werden sollte, nahm sie eine Überdosis Veronalta-
bletten und starb wenige Tage danach im Jüdischen Krankenhaus
Berlin. Sie erhielt auf diese Weise wenigstens einen würdigen Ster-
beplatz als einzigen Trost in diesem unwürdigen Geschehen.
Rolf Liebermann gestand, daß er und seine Kameraden während
des Militärdienstes in der Schweizer Armee einen so großen Haß
auf die Nazis entwickelt hatten, daß sie bei einer eventuellen
Grenzverletzung durch die Nachbarstaaten die Neutralität ihres
Landes vergessen und nicht auf Franzosen, sondern nur auf Deutsche geschossen hätten.

Konflikte in der Familie

Der erste „Konflikt" war bereits gelöst, als Rolf Liebermann auf
die Welt kam, und betraf seine Eltern. Als er später davon erfuhr,
wurde ihm klar, was die Nationalität eines Menschen bedeutet
und was für unsinnige Komplikationen die Grenzen zwischen den
Ländern mit sich bringen können. Sein Vater hatte hohe persön-
liche Hürden zu überwinden, bevor er als preußischer Kavallerist
aus Berlin die Schweizerin Lucie Lang ehelichen durfte. Deren Vater, selbst aus Haß gegen die Deutschen im Zuge des deutsch-französischen Krieges 1870 aus dem Elsaß in die Schweiz gezogen,
wollte seine Tochter keinem deutschen Soldaten anvertrauen. Sein
Schwiegersohn mußte ein Schweizer sein. Um ein solcher werden
zu können, wiederholte Dr. Franz Liebermann seine in Deutsch-

land absolvierten juristischen Examina vor einem Schweizer Gremium. Die Heiratsgenehmigung war erkämpft, und Rolf Liebermann erblickte am 14. September 1910 in Zürich als Schweizer Bürger das Licht der Welt. Ohne einen Tropfen Schweizerisches Blut in den Adern zu haben, wurde und blieb er sein Leben lang ein Schweizer in seinem Herzen.

Von seinem künftigen Leben hatte er schon früh seine eigenen Vorstellungen, und über die rätselte die Familie bis zur Ratlosigkeit. Dabei fiel seine musikalische Begabung am wenigsten aus dem Rahmen. Seine Mutter spielte sehr gut Klavier und unterstrich ihr Interesse an einem erfolgreichen Klavierunterricht ihres Sohnes durch strenge Überwachung des Übepensums. Gemeinsame Konzertbesuche weckten das Interesse des Jungen an immer mehr Musik und motivierten ihn später zum Besuch des Konservatoriums am Ort. Der Vater sang gern, sein Tenor reichte allerdings nur für den Hausgebrauch. An Hausmusikabenden spielten nicht nur Mutter und Sohn vierhändig „die ganze Klassik rauf und runter".

„Kannst du nicht mal bei uns aufkreuzen und mit meinem Papa Musik machen?", fragte ihn sein Schulfreund Eduard. Gern ging der vierzehnjährige Rolf jeden Samstag zu ihm nach Hause und begleitete den Herrn Papa am Klavier. Der stand mit wehendem Haarschopf und in Pantoffeln neben ihm und spielte die Geige. „Er hat ein bißchen gekratzt, aber mit Begeisterung." Es war Albert Einstein, und „ich hatte überhaupt keinen Respekt", erinnerte sich Liebermann später.

Als es an die Zukunftsplanung ging, war es für den vielseitig begabten, charmanten, gut aussehenden jungen Rolf Liebermann, der sich mit Ehrgeiz für eine Sache einsetzen konnte, aber auch neugierig auf Leben war, auf Menschen zuging und sich gern einmal vom Risiko herausfordern ließ, gar nicht so einfach, einen geeigneten Beruf zu finden. Er konnte viel, zu viel, um sich zu entscheiden. Er konnte Klavier spielen, er konnte Musikkritiken schreiben, er konnte Sprachen und Bridge lehren. „Irgend etwas mit Musik", umriß er wage seinen Berufswunsch, und da war es mit dem Verständnis des Vaters vorbei. Dr. jur. Franz Liebermann unterhielt eine gut frequentierte Rechtsanwaltspraxis und erwartete von seinem Sohn Rolf, daß die später einmal übernehmen werde. Eine Zukunft als Rechtsanwalt, beruflich durch weitreichende Verbindungen abgesichert, in der Gesellschaft hoch geachtet und privilegiert, schien Rolf Liebermann vorgezeichnet. Zum Kummer seiner Familie interessierte ihn das aber gar nicht. Mit Menschen umgehen, mit ihnen etwas bewirken, im Bedarfsfall befrieden, das war sein anzustrebendes Betätigungsfeld. Was er tat, sollte im Einklang mit den Begabungen der Menschen geschehen, nicht im Rahmen unbeweglicher Gesetze. Zudem bot ihm die Aussicht, einen Weg auf vorbereiteten Bahnen zu gehen, keinen Anreiz. Vielmehr wollte er sein Leben nach eigenen Vorstellungen und aus eigener Kraft gestalten. Aus diesem Grund setzte er sich nach dem Tod seines Vaters über die Erwartungen der Familie hinweg und gab das gehorsam begonnene Jurastudium auf.

Daß er nun auf sich allein gestellt seinen Weg suchen mußte, machte ihm nicht angst. Im Gegenteil, scheinbar unüberwindbare Hindernisse mobilisierten seine Kräfte erst recht. Seine eigentliche Leidenschaft war die Musik. Das Studium am Konservatorium José Kerr in Zürich hatte ihn mit den notwendigen Fähigkeiten ausgestattet, und Gelegenheiten zum praktischen Erproben gab es im lebhaften Treiben der Züricher Bohémiens genug. Rolf Liebermann saß als Stummfilmbegleiter am Klavier und spielte in Kabaretts.

Sein Vater hatte ihn früher schon einmal einem Freund anvertraut, der ihn in seinem Bankhaus in Karlsbad und Prag in die Geschäfte einweisen sollte. Mit diesen Kenntnissen – zusammen mit dem Geld aus der reichen Erbschaft seines inzwischen verstorbenen Großvaters – eröffnete er in Zürich ein Bankgeschäft, die „Tratco". Die Geschäfte liefen gut. Nun konnte er das Leben leben. Er frönte einer seiner Leidenschaften, dem Bridgespiel, und setzte auf der Basis von Können und Risiko viel aufs Spiel. Er hatte Erfolg bei Frauen. Großzügige Geschenke und Einladungen sowie Verluste beim Bridge überstiegen allmählich die geschäftlichen Einkünfte. Zwei Jahre später, im Jahre 1935, mußte die „Tratco" schließen, und Rolf Liebermann stand mittellos da. Längst war er zum schwarzen Schaf der Familie avanciert, doch es kam noch schlimmer. Er engagierte sich in sogenannten linken Kreisen, mit denen er sich gänzlich von seinem bürgerlichen Umfeld entfernte. Der ganz große familiäre Konflikt brach aus, und es bedurfte erst einiger Erfolge, um „gnädig wieder in jene Kreise aufgenommen zu werden, denen ich doch selber freiwillig und ‚für cwig‘ dcn Rückcn gckchrt hattc"!

Rolf Liebermann war 22 Jahre alt, als in Deutschland Adolf Hitler die Macht ergriff und in Zürich ein Zustrom von Emigranten einsetzte. Das Schicksal der politisch und rassistisch Verfolgten des Naziregimes machte ihm die Unmenschlichkeit des rechten Regimes bewußt. Gegen solches Unrecht zu sein, bedeutete für ihn „links" zu stehen. Erfüllt von Gerechtigkeitssinn und selbst Jude, nahm er Verbindung zu den Emigrantenkreisen auf und lernte interessante Menschen, deren Meinungen und Pläne kennen.

Im Zürich der Vorkriegszeit gehörten politische Revuen zum Ausdruck von Protest und Widerstand, im Volkshaus fanden Veranstaltungen der kommunistischen Arbeiterbewegung statt. Rolf Liebermann komponierte Gebrauchslieder für die Kommunisten, für die Feiern zum 1. Mai und das Marschlied der deutschen Spanienkämpfer „Wir sind die internationale Brigade". Liebermann war sich sicher, daß ihm mit der Musik ein wunderbares Mittel zur Verfügung stand, daß mit ihr und der Kunst allgemein, insbesondere der Literatur, etwas bewirkt werden könne. Kunst konnte für ihn niemals rechts angesiedelt sein, Kunst rüttelte wach und war damit immer links.

Seine politischen Anschauungen öffneten ihm auch den Blick auf die osteuropäischen Länder, und er war damals von der Richtigkeit ihrer kommunistischen Ziele überzeugt. Sein geradezu schwärmerischer Glaube an die stalinistische Sowjetunion als das erstrebenswerte Paradies gehörte zu den politischen Träumereien seiner Jugendzeit. Erst mit dem für ihn enttäuschenden Hitler-Stalin-Pakt im August 1939 sowie mit der Besetzung Finnlands im Oktober 1939 durch die Sowjetunion kamen ihm Zweifel, die er am Ende seines Lebens allerdings vorsichtig relativierte. Auch auf kulturellem Gebiet war seine Illusion, Kommunisten seien ihm und seinen Freunden gleichgesinnt, anfänglich unerschütterlich. „Wir waren ‚Avantgardisten', weil linksgerichtet, und umgekehrt", so glaubte er.

Er brauchte 40 Jahre, um die Dinge differenzierter zu sehen. Er sei in Moskau mit seiner Oper willkommen, versicherte ihm die sowjetische Kulturministerin Jekaterina Furzewa. „Aber bringen Sie uns bloß keine dieser modernen Opern mit. Auch nicht ‚Wozzeck' – so was können wir nicht gebrauchen." Da wußte er, die Sowjetunion ist auf künstlerischem Gebiet eine „reaktionäre Festung".

Rolf Liebermann mag es wieder einen der sein Leben prägenden Zufälle nennen, daß ihm in seiner wirtschaftlichen Katastrophensituation eine Frau begegnete, die für sein weiteres Leben sehr wichtig werden sollte. Schon 1933 war ihm während der allabendlichen literarischen Revue im Züricher „Café Metropole"

„Meine beste Interpretin war Lieselotte Wilke – später bekannter als Lale Andersen. Wir bestritten ganze Abendprogramme: sie Gesang – ich am Klavier."

eine Interpretin aufgefallen. Es war die später berühmt gewordene Sängerin Lale Andersen, die mit ihrem bürgerlichen Namen Lieselotte Wilke hieß. Sie hatte gerade Berlin verlassen, da sie nach ihrem Auftritt in der Brecht-Weill-Oper „Aufstieg und Fall der Stadt Mahagonny" und mit ihren Tucholsky-Chansons dort nicht länger gelitten war. Als wahre Freundin verließ sie das sinkende Schiff nicht. Sie ermutigte Rolf Liebermann, für sie Texte zu vertonen und mit ihr aufzutreten.

Das war die Chance seines Lebens, sich seiner eigentlichen Begabung und Leidenschaft sicher zu werden und die Musik als Grundlage seines Berufes zu entdecken. Lale Andersen schlug ihm Texte von Kurt Tucholsky, Franz Mehring, Bertolt Brecht und Joachim Ringelnatz vor, alles große Entdeckungen für Rolf Liebermann. Die „Ballade der Maria A." von Bertolt Brecht gehörte zu seinen ersten Texten, die er für Lale Andersen in Musik setzte und mit ihr öffentlich vorstellte. Bald konnten sie gemeinsam ganze Chanson- und Liederabende bestreiten, sie sang, er spielte Klavier. Sie traten in den Kabaretts „Cornichon" und „Bärentatze" auf oder tingelten mit ihrem Programm durch die Schweiz.

So stand am allerersten Start in sein musikalisches Berufsleben das personifizierte Glück, eine attraktive, kluge, künstlerisch anspornende, geliebte Frau. Lale Andersen führte eine Reihe von Künstlern an, deren Talent Liebermann mit sicherem Gespür ganz früh erkannte und die er an sich band, die in der Folgezeit selbst ihre künstlerische Kompetenz bewiesen, zu Säulen auf seinem Berufsweg und im kulturellen Leben allgemein wurden. (1980 hat Rainer Werner Fassbinder die Geschichte von Lale Andersen und Rolf Liebermann in seinem Film „Lili Marleen" erzählt.)

Die zweite wichtige Begegnung im Leben von Rolf Liebermann war die mit dem Komponisten und Dirigenten Hermann Scherchen. Bei ihm studierte Liebermann nicht nur das Dirigieren, über ihn erhielt er seine erste bezahlte Anstellung, und durch ihn lernte er viele Menschen kennen, die ihm wichtig wurden, die ihm aber sonst nie begegnet wären, wie Hermann Broch, Fritz Wotruba, Ödön von Horváth oder Elias Canetti. Hermann Scherchen, der im Jahre 1933 Deutschland verlassen hatte, um sich als Gastdirigent und Herausgeber der Zeitschrift „Musica viva" (1933-1936) in Brüssel weiter für die in Deutschland verteufelte Neue Musik einsetzen zu können, bot im Jahre 1937 einen Dirigierkurs in Budapest an. Rolf Liebermann mußte sich in seinem Berufsleben nur ein einziges Mal um eine Wirkungsmöglichkeit bewerben, danach wurden ihm alle Aufgaben angetragen. Das war der Platz in diesem Kurs, den er sich als Mittelloser und ohne zugesichertes Stipendium der Stadt Zürich mit Nachdruck erkämpft hatte. Schon bald wurde Scherchen auf den talentierten Liebermann aufmerksam, lernte ihn als lebensgewandten und zugleich politisch gleichgesinnten Menschen schätzen. Bereits nach acht Tagen machte er ihn zu seinem Privatsekretär und damit verantwortlich für die gesamte Organisation.

Unter dem Präsidium von Alma Maria Mahler-Werfel, der Witwe des Komponisten Gustav Mahler, gründete Scherchen in Wien das „Musica viva"- Orchester mit überwiegend jüdischen Musikern. Da Liebermann nicht nur begabt, sondern auch von jüdischer Herkunft war, schien er der geeignete Mann zu sein, das Orchester mit zu betreuen. Für ihn war es eine willkommene Gelegenheit, sich vor einem Orchester zu erproben. Er wagte sich gleich an den gesamten Mahler-Zyklus. Die Arbeit machte ihm Spaß, aber die Freude war kurz. Nach dem Anschluß Österreichs an Hitlerdeutschland im März 1938 wurde das „jüdische Orchester" aufgelöst. Liebermanns Sorge galt nun seinen jüdischen Freunden, die keinen ausländischen Paß besaßen und in Wien ohne Schutz waren. Das war in erster Linie die Familie des verstorbenen Komponisten Gustav Mahler, also seine Frau Alma Mahler-Werfel, deren dritter Ehemann, der Dichter Franz Werfel, und ihre als Bildhauerin in Wien lebende Tochter Anna. Während er mit Anna Mahler in ihrem Atelier die Emigration der Familie beriet, erreichte sie eine Warnung, und sie konnten rechtzeitig das Haus verlassen. Aus einem Versteck heraus mußten sie dann mit ansehen, wie SA-Männer ihre Skulpturen Stück für Stück auf dem Straßenpflaster zerschmetterten. Auch Liebermann selbst erfuhr den Schreck persönlicher Bedrohung. Ein Stein fiel ihm vom Herzen, als er wieder in der Schweiz angekommen war; denn er hatte ohne Rücksicht auf seine eigene Gefährdung seinen Paß „verloren", ihn seinem Freund Franz Werfel gegeben, um ihm die Flucht in die damals noch nicht besetzte Tschechoslowakei zu ermöglichen. Das hat Liebermann jedoch lange verschwiegen und es erst kurz vor seinem 80. Geburtstag in einem Interview mit der Wiener „Presse" gestanden.

Trotz der abermaligen wirtschaftlichen Unsicherheit in Zürich war der Faden für den Weg ins Musikleben geknüpft. Im Jahre 1939 erhielt Liebermann zwei Kompositionsaufträge: „Der schweizerische Robinson" nach dem Text von H. F. Schell und „Titli Tolgg" von Traugott Vogel. Nach deren Aufführungen im Rahmen der Schweizer Landesausstellung wurde der in Ascona lebende Bernhard Diebold von der Neuen Zürcher Zeitung (NZZ) auf ihn aufmerksam. Wegen einer geplanten Zusammenarbeit mit ihm zog Liebermann ebenfalls nach Ascona.

Dort vermittelte ihm der Bildhauer Fritz Wotruba, den er noch aus Wien kannte, die dritte für sein Musikerleben bedeutsame Begegnung. Rolf Liebermann wurde dem in der Emigration lebenden russischen Komponisten Wladimir Vogel vorgestellt, seinem künftigen Kompositionslehrer. Bei Vogel studierte er die Technik der Zwölftonmusik (siehe S. 108 f.), die ihn so faszinierte, daß er seine gerade entstehende Komposition „Malade Imaginaire" in den Papierkorb warf. Die Zwölftonmusik behielt einen großen Stellenwert in seinem gesamten Schaffen.

Dann war der Krieg zu Ende, das Naziregime überwunden. Als ihn Hermann Scherchen im Jahre 1947 nach Darmstadt zu den Musikwochen zur Pflege der Neuen Musik auf Schloß Kranichstein einlud, um sein 1945 entstandenes „Furioso" für Orchester vorzustellen, war es für Rolf Liebermann seine erste Fahrt in das Nachkriegsdeutschland. Die Uraufführung wurde ein großer Erfolg für den jungen Komponisten, und Liebermann flogen mit einem Mal viele neue Freundschaften zu, mit Heinrich Strobel, Hans Heinz Stuckenschmidt, Carl Orff, Werner Egk sowie mit führenden Musikkritikern. Erfolg und Zuneigung haben ihn deshalb besonders beeindruckt, da sie aus Deutschland kamen und ihm, dem ehedem potentiell Verfolgten, galten.

Liebermann erlebte, wie sich das in Deutschland entstandene Vakuum an Neuer Musik auswirkte. Es bestand ein ungeheurer Nachholbedarf. Die jungen Musiker waren gierig auf Neue Musik, die ihnen als „entartet" vorenthalten worden war und deren Entwicklung in Deutschland schlichtweg nicht stattgefunden hatte. Unter diesem Eindruck startete er gemeinsam mit Hermann Scherchen nach den Musikwochen eine große Hilfsaktion zugunsten seiner Komponisten- und Musikerkollegen in Deutschland. Lastwagenweise versorgte er sie mit Notenpapier und Bleistiften, Arbeitsmaterial, das nach dem Krieg noch fehlte, sowie mit Partituren Neuer Musik, die zwischen 1939 und 1947 entstanden waren. „Jetzt muß man neu beginnen!" – und für die Zukunft arbeiten, war ab jetzt Liebermanns Devise, zum Erstaunen seiner Freunde, die Ressentiments den Nachkriegsdeutschen gegenüber auch verstanden hätten.

Tonmeister und Abteilungsleiter beim Schweizerischen Rundfunk

Die Weichen auf dem Weg zum beruflichen Aufstieg Rolf Liebermanns hatte also Hermann Scherchen gestellt, und er sorgte auch für das weitere Fortkommen. Als er im Herbst 1944 für sein Orchester von Radio Zürich, Studio Beromünster, einen Tonmeister suchte, erinnerte er sich an ihre gemeinsame Orchesterarbeit in Wien und engagierte Rolf Liebermann kurzerhand ab April 1945. Protegiert durch Hermann Scherchen, nahm Liebermann den Kommentar des Direktors von Radio Zürich, Jakob Job, bei der

In der Neunzimmer-Villa in Feldmeilen am Zürich-
see lebte seine Frau Gioconda mit Sohn Franz;
Rolf Liebermann in einer Zweizimmerwohnung in
Hamburg. „Unser Familienleben ist ein
Provisorium."

Vorlage des Vertrages gelassen hin: „Ich freue mich, daß Sie zu
uns kommen, aber ich mache Sie auf eine besondere Verantwortung aufmerksam! Sie sind der einzige Jude in der Schweizerischen Rundfunkgesellschaft." Es sollte immer noch nicht das letzte Mal sein, daß sein Judesein eine Rolle spielte und daß ihm das
bewußt gemacht wurde.
Nachdem sich Scherchen unter dem Eindruck seiner Reise nach
China im Jahre 1950 mit seinen unvorsichtigen Äußerungen über

die „politische Freiheit dort" den Unmut der Verantwortlichen im Schweizerischen Rundfunk zugezogen und die Kündigung erhalten hatte, rückte Liebermann auf dessen Stelle vor. Nun unterstand ihm, wie es sich de facto längst eingespielt hatte, auch offiziell als Leiter der Abteilung Musik die Orchesterarbeit. Nun lag die Verantwortung, die der Rundfunk als Mittler zwischen Künstler und Hörer hat, auf seinen Schultern. Und nun konnte er sein Anliegen, zeitgenössische Musik vermehrt über den Äther zu verbreiten, in eigener Regie verwirklichen. Er engagierte junge Komponisten, berühmte Dirigenten und Solisten aus dem In- und Ausland, um höchstes künstlerisches Niveau zu erreichen; denn nur eine gute Wiedergabe kann das Interesse für ungewohnte Klänge wecken.

Lebhafte Gespräche, Diskussionen und Reflexionen fanden im Anschluß an die Produktionen in der privaten Sphäre statt. Am gedeckten Tisch und mit einem guten Tropfen im Glas wurden aus Kontakten, die Liebermann für die Rundfunkarbeit geknüpft hatte, im Laufe der Zeit private Freundschaften. Die Liste seiner Bekanntschaften gestaltete sich immer mehr zu einem „Who is Who" der Musikwelt. So war auch der Dirigent Hans Schmidt-Isserstedt häufig Gast beim Radio Zürich und wurde ein Freund des Hauses Liebermann. Und er war es auch, der den Norddeutschen Rundfunk auf die Fährte „Rolf Liebermann" brachte.

Von der Schweiz nach Hamburg

Mit seiner Anstellung beim Schweizerischen Rundfunk war zum erstenmal Ruhe und Sicherheit in Rolf Liebermanns Leben gekommen. Er konnte selbständig arbeiten, über Musikprogramme in seinem Sinne entscheiden. Sicherheit empfand er zu diesem Zeitpunkt mehr im Sinne von Beruhigung mit der Chance, seine Kräfte auf die Rundfunkarbeit zentrieren zu können, denn als Stagnation. Außerdem hatte er Zeit und Muße zum Komponieren. Die Arbeit im Rundfunk ließ sich so organisieren, daß ihm auch Stunden der Ruhe in seinem privaten Arbeitszimmer blieben. Er hatte sich bereits als Komponist einen Namen gemacht. Warum sollte er eigentlich mit 46 Jahren, in der Mitte seines Lebens, seinen Arbeitsplatz und Wohnort wechseln?

Apropos Privatleben

Und da war noch das Haus am See. Lange hatten Rolf Liebermann und seine Frau Gioconda nach einem geeigneten Gebäude gesucht und nun dieses großzügige, repräsentative Ambiente in wunderschöner Umgebung am Zürichsee gefunden. Hier würde er Ruhe für seine Arbeit an Flügel und Schreibtisch finden und gleichzeitig prominente Gäste empfangen können. Das Haus war auch der in Erfüllung gegangene Traum seiner Ehefrau. Sie hatten im Januar 1950 geheiratet – „endlich" aus der Sicht seiner Frau. Er hatte lange gezögert, sich durch eine Heirat zu binden. Das ungezwungene Leben bei bestehender fester Beziehung gefiel ihm ganz gut. Er hatte Gioconda Schmid im Jahre 1941 in Ascona kennengelernt, wo er aber noch mit seiner damaligen Freundin Lily Reichelt wohnte. Beide Frauen erhofften sich von ihm ein Heiratsversprechen. Sie wußten voneinander, befreundeten sich und konnten es nicht abwarten. Lily warf sich im Mai 1944 verzweifelt unter einen Schnellzug. Gioconda heiratete erst einmal Liebermanns Freund Rolf Langnese, um wenigstens auf diese Weise ihrem Angebeteten näher zu sein. Schließlich wurde Giocondas Wunsch Wirklichkeit, aber die Ehe machte aus Rolf Liebermann keinen Familienmenschen. Sosehr er das Zusammenleben mit seinen Annehmlichkeiten schätzte, so gern er mit seiner Frau Gäste bewirtete oder mit ihr auf Reisen ging, einen wirklichen Bezug zum praktischen Leben entwickelte er nicht. Profane Aufgaben des täglichen Lebens nahm er billigend hin, mied aber zu viele Unbequemlichkeiten. Von Umzügen hatte er sich schon früher ferngehalten, war dann lieber irgendwo anders beschäftigt, hängte zum Schluß nur noch die Bilder an die Wand. Die Geburt ihres Sohnes Franz im Juni 1958 hat er im Krankenhaus nicht abgewartet. „Für ihn geschah nun das Unbegreifliche, Unheimliche, Unbekannte, und er war froh, daß er wegfahren durfte ... Der sichere, weltgewandte Mann war und ist in naturnahen Belangen manchmal unbeholfen", berichtet seine Frau Gioconda (Göndi) in ihren Erinnerungen.

Nun war also das passende Haus gefunden. Im September 1956 hatten sie ihre erste Anzahlung geleistet, als der Anruf aus Hamburg kam und Hans Schmidt-Isserstedt die neue Aufgabe in der Hansestadt in die Debatte brachte. Bei der Entscheidung für das Haus waren die finanziellen Möglichkeiten des Ehepaares Liebermann weit überschritten. Hin- und hergerissen zwischen einer trotz allem nicht zu leugnenden Lust auf Neues, zwischen dem Festhalten an der friedlichen Idylle am Zürichsee und der Rücksicht auf seine Frau zog sich Liebermann geschickt aus der Verantwortung. Für die in Frankfurt stattfindenden Gespräche mit den Herren des Norddeutschen Rundfunks, u. a. mit Walter Hilpert, stellte er seine eigenen Spielregeln auf: Nur wenn die Gesprächspartner aus Hamburg seinen „unsinnigen Betrag als Gage" akzeptieren würden, hätte der Norddeutsche Rundfunk gewonnen. Als er seiner Frau beim Empfang am Flughafen Zürich das Ergebnis mitteilte, sagte er nicht, nun würden sie nach Hamburg ziehen, sondern: „Weißt du, auf diese Weise können wir wenigstens unser Haus bezahlen, ohne Totalschaden erleiden zu müssen." Von einem Umzug nach Hamburg war also nicht die Rede.

Das Haus wurde nicht das glückliche Refugium, das es werden sollte. Es lieferte vielmehr bald den idealen Rahmen für die Verhandlungen, deren Ergebnisse Rolf Liebermann mit der Zeit ganz an Hamburg binden sollten. Im November 1958, als abzusehen war, daß sich mit der Übernahme des Intendantenamts an der Hamburgischen Staatsoper der Lebensmittelpunkt Rolf Liebermanns allmählich ganz nach Hamburg verlagern würde, holte er vorübergehend seine Frau mit Sohn Franz an die Elbe. Als Franz in die Schule gehen mußte, aber Schweizerdeutsch lernen sollte, um nicht nur „ein Leben lang die Sprache der Nazis als Grundlage" haben zu müssen, begann das Pendelleben zwischen Hamburg und Zürich. Das familiäre Leben mit Frau, Sohn und Hund sowie dem Segeln auf dem Zürichsee wurde immer mehr zur Unterbrechung seines Lebens in Hamburg – bis am Ende der große Abschied kam.

Leiter der Hauptabteilung Musik beim Norddeutschen Rundfunk

Trotz der persönlichen Umstände kam für Rolf Liebermann der Ruf an den Norddeutschen Rundfunk gar nicht so ungelegen. In den zwölf Jahren beim Radio Zürich hatte er Erfahrungen in der praktischen Orchesterarbeit und Programmgestaltung gesammelt sowie Verbindungen zu Komponisten und Künstlern aufgebaut. Er war im Musikbetrieb hoch geachtet als Mittler zwischen Künstler und Institution, als Musikkritiker mit sicherem Gefühl für Qualität und Anspruch. Nun sollte er also die Gelegenheit erhalten, mittels eines ungleich größeren und weitreichenderen Apparates seinen Wirkungskreis um ein Vielfaches zu erweitern. Aber 1957 hieß auch zwölf Jahre nach Kriegsende, Deutschland befand sich noch immer im Stadium des Wiederaufbaus. Und Deutschland war nicht irgendein Ausland. Die Bindung an den Norddeutschen Rundfunk bedeutete für Liebermann, sein Wissen und seine Arbeitskraft einem Land zur Verfügung zu stellen, das Krieg und Zerstörung auf der Welt und den Holocaust an den Juden zu verantworten hatte. Viele seiner Freunde waren erstaunt darüber, daß Rolf Liebermann trotz dieser Vorgeschichte am 1. Oktober 1957 seine Tätigkeit beim NDR als Leiter der Hauptabteilung Musik aufnahm.

Seinen persönlichen Standpunkt dem Nachkriegsdeutschland gegenüber hatte er schon 1947 bekundet, als er zum erstenmal nach dem Krieg wieder zur Teilnahme an den Darmstädter Musikwochen nach Deutschland fuhr. Seiner Lebenseinstellung gemäß galt für ihn nur der Blick nach vorn. Der Schaden könne am besten wiedergutgemacht werden, wenn jeder ohne Zorn an seiner Stelle aktiv mitarbeite. Sein Platz war dort, wo sich durch künstlerische Arbeit Menschen zusammenfinden und verstehen lernen. Daß die folgenden Orte seiner Wirkungsmöglichkeiten immer nobler wurden und ihm Glanz und Ansehen einbrachten, hat er als Privileg hingenommen.

Der NDR, der sich ein Jahr zuvor – wie gleichzeitig der Westdeutsche Rundfunk – aus dem Nordwestdeutschen Rundfunk als selbständige Anstalt etabliert hatte, befand sich noch in der Phase der Umorganisation und brauchte für die anstehenden Aufgaben einen fähigen Mann als Nachfolger von Harry Hermann-Spitz. Rolf Liebermann kannte die Gegebenheiten schon recht gut, er war bereits im Jahre 1955 um ein Gutachten über die Möglichkeiten einer Umstrukturierung der Musikabteilung gebeten worden. So konnte der Norddeutsche Rundfunk keinen geeigneteren Leiter für die Hauptabteilung Musik finden. „Erst später erfuhr ich, daß mein Engagement nur ein Politikum war, um eine Situation zu lösen", bekannte Rolf Liebermann. „Es wäre völlig ausgeschlossen gewesen, Hermann-Spitz zu pensionieren und einen Arier an seine Stelle zu setzen. Der Intendant, der das gewagt hätte, wäre augenblicklich als Nazi gebrandmarkt worden." „Damals wußte ich dies noch nicht", fügte er hinzu, und so hing möglicherweise die für beide Seiten richtungsweisende Entscheidung an einem seidenen Faden. Diese Situation vor Augen und noch die Bemerkung des Direktors vom Radio Zürich aus dem Jahre 1945 im Ohr, machte ihm bewußt, daß seine jüdische Herkunft immer noch eine Rolle spielte, wenn auch jetzt mit verändertem Vorzeichen, vielleicht mit dem der Wiedergutmachung.

Rolf Liebermann kam mit vielen neuen Ideen zum NDR. Er wußte vorhandene Strukturen zu nutzen, um zu verändern, und verband sein Handeln mit nur einer unabdingbaren Forderung: Es mußte Qualität entstehen. Institutionen, die er neu eingerichtet hat, bestehen bis heute und sind uns ganz selbstverständlich geworden. Zur Verfügung standen Liebermann zunächst die Konzerte des NDR-Symphonieorchesters mit dem Chefdirigenten Hans Schmidt-Isserstedt, und die Reihe „das neue werk" für die Aufführung zeitgenössischer Musik. Letztere organisierte er dahingehend um, daß er „das neue werk" ausschließlich jüngeren Komponisten als Experimentierfeld überließ, auch wenn dafür

In den zwei Jahren seiner Tätigkeit als Leiter der
Hauptabteilung Musik des NDR hat Liebermann
viele seiner Ideen verwirklicht und Einrichtungen
geschaffen, die bis heute Bestand haben.

nur ein kleiner Kreis darauf spezialisierter Interessenten zu erwarten war. Den über fünfzigjährigen Komponisten entzog er den Schutz des Experimentierstatus und setzte ihre Werke auf den Konzertprogrammen der Bewährung neben den klassischen Meistern aus. Dafür erhöhte er die Zahl der Symphoniekonzerte auf zwölf und fügte pro Spielzeit zwei Sonderkonzerte für Uraufführungen und Auftragswerke des NDR hinzu. Er hielt auf der ganzen Welt Ausschau nach bedeutenden Komponisten und war stolz, als ersten Verhandlungspartner Igor Strawinsky gewonnen und ihn zu der Komposition der „Threni" für Chor und Orchester angeregt zu haben.

Mit dem Opernhaus kam Liebermann zum ersten Mal indirekt über die Programmauswahl in Berührung. Sender und Oper sollten sich ergänzen und nicht überschneiden. Also entschied sich Liebermann für Werke, die von Oper und Schallplatte wenig berücksichtigt wurden, aber natürlich in Spitzenbesetzung. Dazu gehörten von Alban Berg „Wozzeck" und „Lulu", „Dantons Tod" von Gottfried von Einem, „Die Schweigsame Frau" von Richard Strauss und von Joseph Haydn der wenig gespielte „Orfeo". Zusätzlich fanden Übertragungen internationaler Festspiele einen festen Platz im Programm. Liebermann ließ auch die Operette nicht aus, hier widmete er sich besonders Werken Jacques Offenbachs. Auch für den Jazz, den er sehr liebte, und von dem etwas zu verstehen er spätestens mit seinem „Concerto for Jazzband and Symphony Orchestra" (1954) der Welt bewiesen hatte, sorgte er mit einem eigenen Forum. Der von ihm ins Leben gerufene „Jazz-Workshop" ist bis heute ein Bestandteil im Programm des NDR. Damit hatte Rolf Liebermann das ganze Spektrum anspruchsvoller Musik berücksichtigt. Zusammen mit dem früheren NDR-Intendanten Ernst Schnabel rief er nun eine neue Institution ins Leben: das Dritte Hörfunkprogramm.

Ein besonderes Anliegen Liebermanns war es, junge musikalische Talente zu fördern, die in der Zukunft das künstlerische Niveau aufrechterhalten können. Dazu mußten junge vielversprechende Solisten und Ensembles Gelegenheit erhalten, sich in öffentlichen Konzertauftritten zu üben. Seit dem 18. Oktober 1957 gibt es zu diesem Zweck die Konzert- und Sendereihe „Podium der Jungen". Die Liste hoffnungsvoller junger Künstler führte Martha Argerich an; Bruno Leonardo Gelber, Christoph Eschenbach, Christian Tetzlaff und Reinhard Goebels „Musica Antiqua Köln" seien stellvertretend für viele namhaft gewordene Künstler genannt.

Fast 40 Jahre später, im November 1996, hat der NDR diese Konzertreihe umbenannt und ihr den Namen „Podium Rolf Liebermann – Konzerte junger Künstler" gegeben. Für Rolf Liebermann bedeutete diese Ehrung mehr als alle Orden und Auszeichnungen, und er reiste für das erste Podiumskonzert seines Namens eigens aus Paris an.

Der Intendant Rolf Liebermann

Hamburgische Staatsoper 1959–1973

Als der 77jährige Heinz Tietjen im August 1958 seine Absicht bekanntgab, mit Ende der Spielzeit die Leitung der Staatsoper abzugeben, bemühte sich der Erste Bürgermeister von Hamburg, Max Brauer, Rolf Liebermann für den neu zu besetzenden Intendantenposten zu gewinnen. Nachdem die Weichen in der Hauptabteilung Musik des Norddeutschen Rundfunks gestellt und die notwendigen Neuerungen auf den Weg gebracht waren, wollte er Wissen und Tatkraft Liebermanns für die weitere Entwicklung der Oper nutzen.

Max Brauer hatte von ihm ein „kluges und scharfsinnig formuliertes Referat" gehört und war von dem charmanten und mit anekdotischen Einlagen gespickten Vortrag so begeistert, daß er beschloß, Liebermann unter allen Umständen zum Intendanten der Staatsoper zu machen. Der wiederum wußte aber nicht, warum er seinen so geschätzten, über den Äther garantierten großen Wirkungskreis mit den begrenzten Einflußmöglichkeiten eines Zuschauerraums in einem Opernhaus eintauschen sollte. Er hatte nicht so schnell überblickt, daß er ein ihm anvertrautes, so großes Opernhaus auch wirksam für seine Ziele instrumentalisieren konnte. Der „sozialdemokratische Barockfürst", so titulierte Liebermann den Ersten Bürgermeister gern, mußte seinen Vorschlag gegen einige Senatoren verteidigen, die sich dagegen sträubten, der Berufung eines in der Theaterarbeit so Unerfahrenen zum Intendanten der Staatsoper zuzustimmen, mit der das Renommee der ganzen Stadt auf dem Spiel stand. Der Kultursenator Hans Harder Biermann-Ratjen hatte in Rolf Liebermanns Rundfunkarbeit das pädagogische Moment gewürdigt und konnte sich Rolf Liebermann als Präsident der Musikhochschule vorstellen. Max Brauer beauftragte ihn dennoch, mit Liebermann konkret zu verhandeln. Wie stark muß sich Liebermann gefühlt haben, daß er als Verhandlungsort nicht Hamburg akzeptierte, wo schließlich alle tätig waren, sondern den „Buddenbrook" Biermann-Ratjen – wieder eines der beliebten Attribute Liebermanns – nach Zürich kommen ließ. Vielleicht ging das auch auf das Konto seiner Naivität, zu der er sich einmal in einer Rede zu Beginn seiner Intendantenzeit in Paris 1973 bekannte, „ohne ganz sicher zu sein, diesen Eindruck zu erwecken"! Wer etwas von ihm wolle, solle auch etwas dafür auf sich nehmen.

Liebermann zelebrierte das Treffen in seinem Haus am Zürichsee. Es sollte mit Stil geschehen, das Ambiente sollte stimmen, und schließlich war es nicht verkehrt zu demonstrieren, was er mit einer möglicherweise längeren Bindung an Hamburg aufs Spiel setzen würde. In den Gesprächen fiel eine Bedingung, sogar eine „conditio sine qua non" für Liebermanns zukünftige Arbeit in der Hamburger Oper, und diese Bedingung hatte einen Namen: Herbert Paris. Er war einer der zwei gleichberechtigten Vorstandsmitglieder der Aktiengesellschaft Hamburgische Staatsoper, und Liebermann als der andere Vorstand müsse unbedingt mit ihm gut zusammenarbeiten können. Auf Herbert Paris würde Hamburg auf keinen Fall verzichten. Nach anfänglicher Irritation beschloß Liebermann, die Herausforderung anzunehmen. Denn die Lektion hatte er bereits gelernt: Wenn er seine Pläne verwirklichen will, braucht er um sich herum Menschen, die ihm eine harmonische Arbeitsatmosphäre garantieren.

Rolf Liebermann trat die Flucht nach vorn an, lud auch Herbert Paris nach Zürich ein, und der kam. In dem angenehmen Rahmen, den sein Haus bot, ließ es sich locker vorsichtig diplomatisch aufeinander zugehen. Beim abschließenden Glas Champagner auf der Terrasse des Hauses waren sie sich einig: Sie werden zusammenarbeiten. Erst viele Jahre später, vor Beginn seiner zweiten Intendanz in Hamburg, machte Liebermann in einem Interview mit der WELT klar, was für ihn Zusammenarbeit hieß: „Das ist eine

Frage der Persönlichkeit und nicht eine Frage der Struktur. Hauptsache ist, daß da ein Einvernehmen besteht und daß nur der Intendant für das Haus spricht und sonst niemand. Und daß auch die Entscheidungen von dem Intendanten fallen." Auf die in den Geschäftsbedingungen fixierte Mitverantwortlichkeit des Staatsoperndirektors angesprochen, meinte er: „Das kann sein, das weiß ich nicht. Ich habe mich nie darum gekümmert. Und ich bin überhaupt auf das Problem nicht eingegangen." So erweist sich seine als köstliches Bonmot aufgenommene Redewendung, er sei „Primus unter Paris", mehr als lustige Verballhornung eines bekannten Zitats.

Das offizielle Einstellungsgespräch vor dem Aufsichtsrat der Oper am 22. August 1958 war wohl das kürzeste, das es je gegeben hat. Es endete nach fünf Minuten. Auf die Frage, wie er sich die Arbeit vorstelle, antwortete Liebermann: „Was sind schon Konzeptionen? Es kann doch nur die Praxis etwas zeigen. Ich habe Ihnen wirklich nichts zu sagen", – und niemand wagte mehr, eine weitere Frage zu stellen. Die Entscheidung war gefallen, Hamburg hatte einen neuen Opernintendanten.

Die Tätigkeit als Opernintendant erfaßte Rolf Liebermann in einer anderen Dimension als bisher. Nicht nur, daß sein Arbeitsfeld im Vergleich zur Schaltstelle im Rundfunk um den szenischen Bereich erweitert wurde. Als Chef eines ganzen Opernhauses hatte er alle Fäden in der Hand, die sich zum Funktionieren eines solchen Apparates bewegen mußten, für die Organisation und Realisation eines Spielplans, zur Führung der Mitarbeiter sowie in gemeinsamer Verantwortung mit Herbert Paris zur wirtschaftlichen Absicherung des Unternehmens Oper. In dieser Position und noch dazu gebeten, das Amt zu übernehmen, konnte Rolf Liebermann sein Arbeitsfeld ganz nach eigenen Vorstellungen frei gestalten. Sein strenges Auge wachte darüber, daß alles gut aufeinander abgestimmt harmonierte und funktionierte, denn Qualität machte er sich persönlich zur Pflicht.

Sein gesamter Lebensradius erweiterte sich. Seine erste Intendantenzeit wurde für ihn die glanzvollste Periode seines Leben. Erfolg und Ruhm des Opernhauses ließen ihn auch als Person im Blickpunkt der internationalen Musikwelt erscheinen, öffneten ihm den Zugang zur Prominenz aus Politik und Wirtschaft. Der Umgang mit Künstlern der Weltspitze und Komponisten jeden Bekanntheitsgrades wurde noch unkomplizierter, als er ihn aus sei-

Rolf Liebermann und Herbert Paris auf einer
Pressekonferenz im April 1971. Seit Dezember 1970
zeichneten sie auch übergangsweise für die Leitung
des Deutschen Schauspielhauses verantwortlich.

nen Rundfunktagen sowieso schon kannte. Es machte ihm Spaß, mit Weltstars zu arbeiten, sie persönlich mit ihren Eigenarten kennenzulernen, sie privat zu erleben. Rolf Liebermann wurde selbst Prominenter, und er war eitel genug, sich im Glanz des gesellschaftlichen Lebens zu sonnen.

Entscheidung für die Oper

Rolf Liebermann hat manchmal Entscheidungen getroffen, die Außenstehende nicht ohne weiteres von ihm erwartet hätten. Nach Gründen befragt, schien er nicht gleich eine eindeutige Erklärung zu haben und präsentierte je nach Situation der Befragung unterschiedliche Antworten. Wie seine zweite Frau Hélène Vida-Liebermann bestätigt, war er sich nicht immer so sicher, wie es nach außen den Eindruck machte. Jede Entscheidung mußte unter Berücksichtigung mehrerer bedeutungsvoller Aspekte gefällt werden. Bevor ihm alles bewußt werden konnte, fand er dennoch instinktiv die für ihn beste Lösung.

Als er sich entschloß, vom Rundfunk zur Staatsoper zu wechseln, war die Öffentlichkeit zum Teil überrascht. Wie konnte es sein, daß der politisch links orientierte Künstler ein „großbürgerliches Etablissement Oper" übernahm? Diese Entscheidung schien zunächst wirklich zu den Widersprüchlichkeiten in seinem Leben zu gehören, zumal nach seinen eigenen Worten die Aussicht mit ausschlaggebend war, als Intendant eines der großen deutschen Opernhäuser zu der „damals hochangesehenen Kaste", also zur gehobenen bürgerlichen Gesellschaft, zu gehören. Seine damalige Ehefrau Gioconda ermutigte ihn mit dem treffenden Argument, es sei „viel reizvoller, mit lebendigen Menschen auf der Bühne etwas machen zu können, als immer nur in die Konservenbüchse zu arbeiten".

Auch einfach „das Bedürfnis nach Tapetenwechsel" habe eine Rolle gespielt, bekennt Liebermann in seinen „Opernjahren". „Im Grunde genommen bin ich manipuliert worden, immer wieder in Dinge hineingehetzt, die ich gar nicht so unbedingt wollte", reflektierte er drei Jahrzehnte später. Er habe nie die Absicht gehabt, ein Opernhaus zu leiten. Aber er gestand auch eine „Krisenerscheinung" ein, die ihm damals nicht bewußt war. In einem Gespräch für die NZZ im März 1990 wurde er noch deutlicher, sprach sogar von seiner „Angst vor dem Komponieren".

Längst hatten sich jüngere Komponisten zu Wort gemeldet, die kühn und unabhängig von jeder musikalischen Tradition experimentierten. Pierre Boulez, Luigi Nono, Karlheinz Stockhausen zum Beispiel stellten alles in Frage, was nach Liebermanns Verständnis zu einem musikalischen Kunstwerk gehört: da wurde auf Melodien verzichtet und auf metrisch gebundene Rhythmen; da wurden ungewohnte Tonhöhen verwendet, Musikinstrumente verfremdet gespielt oder durch elektronische Instrumente ersetzt. Oft gab es auch keine abgeschlossene Formgestaltung mehr, einzelne Abschnitte eines Stückes wurden in aleatorischer Weise zusammengewürfelt. Das heißt nicht, daß diese Komponisten immer begeistert gefeiert wurden. Aber es gab ein junges Publikum, das sich für sie interessierte, sich in den Konzerten des „neuen werks" traf, wenn es auch nicht nur applaudierte. Liebermann sah den „Wechsel vom Schreibtisch des Komponisten zum Intendantenpult" für sich als eine zumindest vorübergehende Lösung an. Mit der Leitung des Opernhauses bot sich ihm dazu eine interessante Chance. Er konnte einmal die andere Seite einer Opernproduktion kennenlernen. Er konnte erleben, in welcher Situation sich die Komponisten befinden, wenn sie ein eigenes Werk auf die Bühne bringen wollen, „wie hirnverbrannt oder wie vernünftig seinerzeit die Theorien des Komponisten waren, nun gemessen mit der praktischen Elle des Intendanten".

Ziele als Opernintendant

Alles, was sich Liebermann vorgenommen hatte, geschah unter einer großen Überschrift. Das Kunstwerk Oper sollte für die Menschen gepflegt und erhalten werden. Überzeugt davon, daß Musik und Musiktheater wichtig sind für den einzelnen sowie für das Zusammenleben der Menschen, unternahm er alles, um den Fortbestand der Oper zu sichern. So mutet das, was er sich für seine Opernarbeit vorgenommen hat, aus der Sicht eines Opernhauses revolutionär an: Erstens sollten über die Pflege der traditionellen Opernkunst hinaus zeitgenössische Werke erarbeitet und dauerhaft in den Spielplan eingebunden werden, damit das Repertoire vor drohendem Überdruß geschützt und lebendig erhalten wird. Es müsse doch möglich sein, „allen Unkenrufen zum Trotz moderne Opern ins Repertoire zu nehmen und doch nicht vor leerem Haus zu spielen".

Seine zweite Sorge galt der Qualität der einzelnen Vorstellungen. Unter seiner Amtsführung sollten allen Opernbesuchern während der ganzen Spielzeit Aufführungen auf gleichbleibendem künstlerischen Niveau geboten werden. Die auf die Premierenbesetzung folgende „zweite Garnitur" wollte er abschaffen.

Voraussetzungen für die Arbeit

Rolf Liebermann konnte mit seiner Arbeit sofort beginnen, denn die Voraussetzungen dafür fand er bei der Übernahme des Hauses vor: Es stand ihm ein Repertoire von 42 Opern der großen italienischen, französischen und deutschen Opernliteratur, jederzeit spielbereit, zur Verfügung. Das entsprach den Erwartungen an ein großes Haus in einer großen Stadt, und auf dieser Grundlage ließen sich neue Pläne mit neuen Opern schmieden. Außerdem gab es ein gutes hausinternes Ensemble, mit dem ohne Probleme gleichbleibende Besetzungslisten möglich waren.

Günther Rennert, erster Operndirektor und künstlerischer Leiter der Oper nach dem Zweiten Weltkrieg, hatte die Pflege des Ensembles am Herzen gelegen und so konnte er bei seinem Abschied ein großartiges Ensemble von „Sänger-Schauspielern" übergeben. Er hatte den sogenannten „Hamburger Stil" kreiert, das heißt, er verlangte von den Sängern auch schauspielerisches Können und Einfühlungsvermögen in die Rolle. Jede Gesangsnummer gehöre zur Handlung und sei nicht dazu da, daß der Sänger seine Arie, regungslos am Bühnenrand verharrend, in das Publikum hineinschmettere und auf diese Weise sich allein profiliere. Liebermann wurde nicht müde, darauf hinzuweisen, daß er seinen problemlosen Start Gunther Rennert zu verdanken hatte. Er betrachtete sich sogar als Rennerts Nachfolger, obwohl nach dessen Weggang im Jahre 1956 erst einmal der damals 75jährige Heinz Tietjen zwischenzeitlich das Haus für drei Jahre übernommen hatte. Es lag an Liebermanns verständlicher Empfindlichkeit gegenüber Tietjens Verhalten während des Naziregimes, daß er „das größte Chamäleon der Theatergeschichte" bei seinen Betrachtungen gern einmal übergangen hat. So hat es Liebermann angedeutet, als er in den „Opernjahren" über Wieland Wagner schrieb: „Im Gegensatz zu seiner Mutter Winnifred und zu vielen seiner Altersgenossen hat er sich nie in die Arme Hitlers geworfen, und er konnte auch seinen Paten, den alten Tietjen, nicht ausstehen, obwohl

Szene aus „Zwischenfälle bei der Notlandung"
von Boris Blacher, einer „Reportage in zwei Phasen
und vierzehn Situationen" über Menschen,
Nummern und Maschinen nach einem Flugzeugab-
sturz. Die Menschen – verschiedene Berufstypen –
reagieren so, wie sie im Arbeitsleben „program-
miert" wurden. Die Nummern und Maschinen sind
Projektionen der Gegenstände und Komman-
danten, denen die Menschen bis dahin ausgeliefert
waren. Damals waren Computer noch nicht
so populär wie heute, und wer sie bedienen konnte,
wurde als unkontrollierbarer Experte empfunden; bei Blacher wurde der „Kommandant" des
Computers sogar zu einer Horrorfigur.
Uraufführung am 4. Februar 1966 an der
Hamburgischen Staatsoper

oder weil der die Geschicke Bayreuths im Dritten Reich lenkte. Ich konnte es ihm nachfühlen; (…) "
Mit dem Staatsopernchor unter den Direktoren Günther Schmidt-Bohländer und Helmut Fellmer stand Liebermann ein Klangkörper zur Verfügung, der dem Sängerensemble ebenbürtig war. Liebermanns hohem Anspruch an künstlerische Qualität entsprach auch das Philharmonische Staatsorchester, dem mit den geplanten zeitgenössischen Opern eine Beanspruchung besonderer Art bevorstand. Generalmusikdirektor war seit 1951 Leopold Ludwig. Liebermann wußte mit ihm Kontinuität und gleichbleibendes Niveau gesichert und schätzte ihn als „das kontinuierliche Element der Hamburgischen Staatsoper nach dem Kriege". Leopold Ludwig, Rolf Liebermann und Günther Rennert, der in der Folgezeit den Ruf eines „Hausregisseurs" genoß, galten als das sogenannte „Dreigestirn" am Haus.

Nun lag es an Rolf Liebermann, mit den ihm zur Verfügung stehenden Mitteln „seines Hauses" zu arbeiten. Zuerst einmal mußte er den Apparat Oper in allen Einzelheiten kennenlernen. Um sein neues Arbeitsfeld solide zu bestellen, ging er systematisch vor. Er begann damit, die Geschichte der Oper und des Opernbetriebs in Hamburg zu studieren, und mit Blick auf die wirtschaftliche Absicherung künstlerischer Vorhaben interessierte er sich für das Gewicht, das die Staatsoper innerhalb der hanseatischen Regierungsgeschäfte hatte. Im Opernhaus selbst machte er sich ein Bild von den baulichen Gegebenheiten des „Termitenbaus" mit dem Vorder- und Hinterhaus und den vielen Gängen, Türen und Treppen. Er versuchte, die Maschinerien der Ober- und Unterbühne sowie alle technischen Einrichtungen zu verstehen. Erfreut stellte er fest: „Hier läßt sich alles spielen, von Monteverdi bis zur Moderne."

Arbeit am Spielplan

Wenn ein Intendant wie Rolf Liebermann über den Spielplan nachdenkt, läßt er sich nicht allein von seiner subjektiven Einschätzung eines Werkes leiten, sondern er richtet seinen Blick, von anderen institutionellen Zwängen einmal abgesehen, auf das Publikum. Wie er 1961 in seinem Aufsatz „Betrachtungen zum Operntheater" in der NZZ ausführt, muß ein Intendant außer einem „künstlerischen zugleich ein politisches Gewissen haben",

Szene aus „The Visitation" von Gunther Schuller
in der Inszenierung von Günther Rennert, einer
Oper, in der Jazz erstmals konsequent und
in der ihm adäquaten Technik der freien Improvisation verwandt wird. Statt eines normalen
Opernorchesters, das bis ins Detail auskomponierte
und notierte Stimmen spielt, improvisierte hier
eine Jazz-Combo mit einem Symphonieorchester, und auch für die Sänger ergaben sich besondere Aufgaben. Um die Jazzmusik überzeugend ein-
zusetzen, wählte Schuller einen Stoff aus dem
Umfeld der farbigen Bevölkerung in Amerika. Ohne
gängige Schablonen zu bedienen, schilderte er, angeregt von Kafkas Roman „Der Prozeß", das
Problem eines Farbigen, der „einerseits den Verteidi-
gungsinstinkt seiner Rasse verloren, andererseits
die Methoden seiner weißen Umwelt noch
nicht vollständig akzeptiert und gelernt hat".
Uraufführung am 12. Oktober 1966 an der
Hamburgischen Staatsoper

ohne die unterschiedlichsten Ansprüche eines wie auch immer gearteten festen Publikumskreises aus den Augen zu verlieren. Liebermann störte der weit verbreitete Konsens, die Oper sei ein „rein kulinarisches Vergnügen" und „Zufluchtsstätte des ‚modernen' Menschen, wo er vor lästigen Gegenwartsproblemen absolut sicher" ist. Der führt nämlich dazu, daß besonders die jüngere Generation die von den Älteren „‚kulinarisch' genossenen Opern", in denen schreckliche Dinge zu wohlbekannter schöner Musik passieren, ablehnen. Bevor sich junge Menschen vorzugsweise und unwiederbringlich dem avantgardistischen Sprechtheater zuwenden, hat der Opernintendant mit allen Mitteln dafür zu sorgen, „daß dem Neuen ganz grundsätzlich eine Chance eingeräumt wird". Genauso muß er „ältere, ... bereits etablierte Opern auf ihre Bezogenheit abklopfen, die sie ... zum Leben und zu Themen unserer Tage haben könnten". Letztere Überlegungen führten unter anderem zum „Regietheater".

Zu den Pflichten eines Intendanten zählte Liebermann die „Unterrichtung des Publikums". Die Ansprüche der konservativen Mehrheit müßten berücksichtigt werden, ohne der Minderheit vorzuenthalten, was die Mehrheit nicht zu sehen wünscht. Wenn sich der Intendant dem „Diktat der Masse beugen" würde, wäre ihm zwar auf bequeme Weise ein augenblicklicher Erfolg beim Publikum beschieden. Aber erstens käme er damit seiner pädagogischen Verantwortung im Beruf nicht nach, und zweitens würde er ein „Weiterwirken der Oper über den gegenwärtigen Alltag hinaus ... mit Blick auf das Publikum von morgen" verhindern. Viele der heute beliebten und immer wieder verlangten Opern fanden zur Zeit ihrer Entstehung oft auch nur den Beifall von einigen wenigen. Und so muß der Opernintendant heute die Grenze finden „zwischen einer selbstverliebten Ästhetik im luftleeren Raum und einer wagemutigen Pflege neuer künstlerischer ‚Erfindungen'".

Ohne zu vernachlässigen, was das normale Opernpublikum von ihm erwartete, legte Rolf Liebermann den Schwerpunkt seiner Arbeit auf moderne Opern. „Klassiker" der Moderne, wie den „Wozzeck" und „Lulu" von Alban Berg oder Strawinskis „Oedipus Rex", übernahm er aus vorausgegangenen Spielzeiten. Seine „Schule der Frauen" ließ er gemäß seiner Devise, keine eigenen Opern im eigenem Haus zu spielen, vom Spielplan nehmen. Sein Hauptanliegen war die zeitgenössische Oper.

„Hilfe, Hilfe, die Globolinks" von Gian-Carlo
Menotti ist eine Oper für Kinder und erzählt die
Geschichte der Globolinks, Bewohner eines
fremden Himmelskörpers, die auf der Erde ge-
landet sind. Für das Bühnenbild entwarf der
ungarische Maler und Bildhauer Nicolas Schöffer
fünf „Lichttürme" mit langen schwenkbaren
Armen und beweglich angebrachten Spiegeln, die
aus verschiedenen Richtungen von mehrfarbigen
Scheinwerfern angestrahlt werden. Kostüme
und Bewegungsgestaltung der Globolinks entwik-
kelte der amerikanische Choreograph Alwin
Nikolais. Beide Künstler arbeiteten fünf Jahre später
auch an der Realisation von „Kyldex I".
Die Uraufführung der „Globolinks" fand am
21. Dezember 1968 statt.

In den 14 Jahren seiner ersten Intendantenzeit hat er 23 Uraufführungen auf die Bühne gebracht, 21 davon waren Auftragswerke. Er selbst hatte mit der Art und Weise, wie seine eigenen Opern entstanden waren, gute Erfahrungen gemacht. Er kannte von Anfang an die ausführenden Sängerinnen und Sänger, wußte auch, wer Regie führen, wer die Bühnenbilder gestalten, wer die Uraufführungen dirigieren wird. Wenn beim Komponieren Stärken und Schwächen der menschlichen Stimme berücksichtigt werden, brauchen die Solisten bei der Aufführung des Werkes keine Überbeanspruchung ihrer Stimmen zu befürchten. Die Musik kann natürlich interpretiert werden und damit auch natürlich auf das Publikum wirken. Außerdem ist es auch möglich, eine Oper ohne Angst vor dem Ruin der Stimmen öfter zu wiederholen und an einer anderen Bühne aufzuführen. Das ist wichtig; denn das Publikum kann mit zeitgenössischen Werken eher vertraut werden, wenn es die Möglichkeit hat, diese mehrmals anzusehen. Liebermann hat sich erfreut bestätigt gefunden, als ihm bei den Proben zur schwedischen Fassung seiner eigenen Oper „Penepole" in Stockholm die dort arbeitenden Sänger bescheinigten: „Sie schreiben wunderbar stimmgerecht; Ihre Texte singen sich wie Butter." Diesen Vorteil, für sich selbst entdeckt, wollte Liebermann nun auch jungen Komponisten zugute kommen lassen.

Liebermann ließ den Komponisten freie Hand bei ihrer Arbeit. Sie konnten ihre Mittel selbst wählen, entsprechend bunt und ungewöhnlich waren die Resultate, die Liebermann mit großer Neugier erwartete. Als Textvorlage überwogen literarische Stoffe. Gleich das erste Auftragswerk 1960 war eine Literaturoper: „Der Prinz von Homburg" von Hans Werner Henze mit dem Libretto von Ingeborg Bachmann nach Heinrich von Kleists gleichnamigem Drama. Auch andere Vorlagen wurden zugrunde gelegt, wie die Argonautensage, religiös-mythologische Stoffe, eine Chronik; sogar eine Parodie auf Mozarts „Cosi fan tutte" war dabei.

Fünf Komponisten gingen mit ihren Opern ganz unkonventionelle Wege. Boris Blacher bezog in seine 1966 uraufgeführten „Zwischenfälle bei einer Notlandung" und Gian-Carlo Menotti in seine „Hilfe, Hilfe, die Globolinks" von 1968 elektronische Klänge ein. Gunther Schuller verwandte in „The Visitation" den in Opern bisher ausgesparten Jazz. Mehr eine Collage aus Aktionen mit ungewöhnlichen Instrumenten ist Mauricio Kagels „Szenische Komposition" mit dem Titel „Staatstheater" von 1971.

„Kyldex I" von Pierre Henry und Nicolas Schöffer.
Der Choreograph Alwin Nikolais sollte
Schöffers Idee realisieren, durch die Bewegung frei
im Raum schwebender Körper die Grundkate-
gorie „Zeit" erkennbar zu machen. Das gelang ihm
mit „Aktionen" bewegter Menschen, die sich
qualitativ nicht von den bewegten Gegenständen
unterschieden – eine „aufregende Entdeckung".

Das extremste Werk in Liebermanns Intendanz war „Kyldex I"
von Pierre Henry (Musik) und Nicolas Schöffer (Realisation), keine Oper, sondern „kybernetisch-luminodynamische Experimente"
ohne Handlung, ohne Gesang, unter Mitwirkung des Publikums.
Die Uraufführung fand 1973 statt. Schöffer, der fünf Jahre zuvor
für Menottis „Globolinks" die mobilen luminodynamischen
Skulpturen zur Veranschaulichung der Handlung entworfen hatte, ließ hier durch sie Raum, Licht und Zeit erlebbar machen. Die
Aktionen, choreographiert von Alwin Nikolais, waren Bewegungen von Tänzern und einem Solo-Tanzpaar (Carolyn Carlson und
Emery Hermans) zwischen Lichttürmen, einem Spiegelprisma mit
unendlichen Vervielfachungen. Der Mensch, als Handelnder auf
der Bühne ausgeschlossen, wurde „live" aus dem Zuschauerraum
mit einer Fernsehkamera erfaßt und auf große Bildflächen proji-
ziert. Außerdem konnte das Publikum „mitspielen". Mit Kellen
unterschiedlicher Farbe konnte es das Tempo des Geschehens beeinflussen. Meistens wurde von den blauen Kellen für „langsa-
mer" Gebrauch gemacht, und zwar bei den erotischen Szenen.
Wenn gelangweilte Zuschauer protestierten, ermahnte der Haus-
herr: „Das ist nun ungerecht, meine Lieben da oben, Sie selbst
wollten dieses langsame Tempo, das es der Dame äußerst schwer-
macht … ".
Die Musik, bestehend aus einer Mischung elektroakustischer
Sequenzfragmente, die zum Beispiel als knisterndes Tonzeichen,
Beben, Vogelballon, Halbglimmern, Perpetuum oder Magma bezeichnet werden, wurde vom Band abgespielt. Am Mischpult saß
der Komponist. Durch die Einflußnahme des Publikums wurde
der technische Aufwand riesengroß. Es wurden vier Studio-Ton-
bandgeräte gebraucht. Dazu kam aus Paris ein Lastwagen mit
Lautsprechern und Verstärkern. Die Video-Gerate stellte der
NDR zur Verfügung. Monitore und der Eidophor, die Farbfernse-
seh-Großbild-Pojektionsanlage, blieben Eigentum eines Elektro-
nikunternehmens.
Die zeitgenössischen Opern haben nach ihren Premieren bis zu 20
weitere Aufführungen bekommen. Einige wurden danach in
Opernhäusern in Deutschland, Frankreich, Tschechien sowie in
Zagreb und Zürich nachgespielt. Wenn es Liebermann auch nicht
gelungen ist, allen Opern einen dauerhaften Platz auf dem Spielplan zu sichern, so waren doch einige Werke darunter, die in die
Zukunft weisen, für die sich alle Experimente mit jungen Kompo-

„Kyldex I" von Pierre Henry und Nicolas Schöffer.
Die Aktionen in der Choreographie von
Alwin Nikolais waren Bewegungen von Tänzern
zwischen Lichttürmen, einem Spiegelprisma mit
unendlichen Vervielfältigungen.

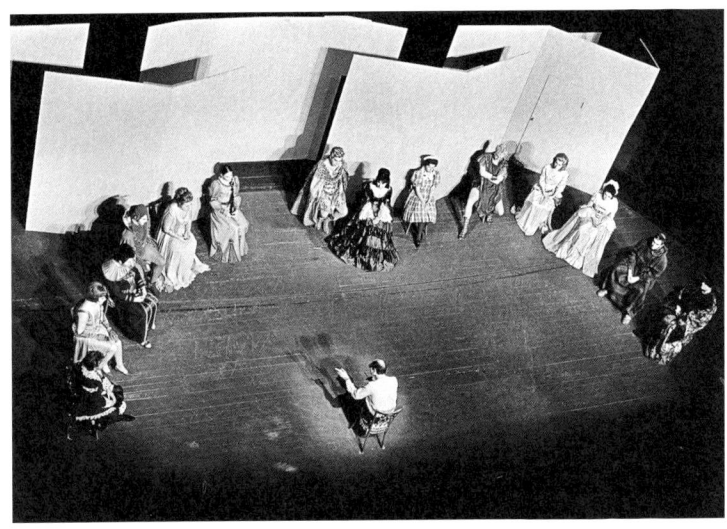

„Staatstheater" von Mauricio Kagel aus dem Teil
„Ensemble": Die Solisten singen keinen Text,
sondern sinnfreie Phoneme, die die typischen
Stimmfächer charakterisieren. Im Vordergrund als
Leiter der Komponist

nisten gelohnt hatten. Dazu zählte er Hans Werner Henzes „Prinz
von Homburg", der nach insgesamt 21 Vorstellungen in Hamburg im Rahmen eines Staatsoperngastspiels 1962 zweimal in
London gezeigt wurde.

Einen ganz besonders hohen Stellenwert gestand Liebermann
Mauricio Kagels „Staatstheater" zu. Es wurde 19mal aufgeführt
und 1973 als Gastspiel in München gezeigt. Die Zeitschrift
„Opernwelt" würdigte die Premiere sogar als „Aufführung des
Jahres 1971".

Einen Mozart könne man nicht in jedem Jahrhundert erwarten,
entgegnete er manchen Kritikern, die es für zu riskant und teuer
hielten, zeitgenössischen Opern einen so großen Raum zu gewäh-
ren. Außerdem waren die Auftragsopern gar nicht kostspielig.
Den jungen Komponisten war es die Chance, für ein renommier-
tes Opernhaus schreiben zu dürfen, wert, 10 000,– DM als Auf-
wandsentschädigung einschließlich einer Beteiligung an den Ein-
nahmen an der Kasse zu akzeptieren. Sie waren damit in der Lage
zu reisen und mit den Sängern und anderen Ausführenden zu arbeiten.

„Staatstheater" von Mauricio Kagel aus dem
Teil „Spielplan": Ein von zwölf Tamburins ver-
deckter Mann geht über die Bühne und wird dabei
von drei um ihn herumwandernden Schlagzeugern
„betrommelt".

Rolf Liebermann tat auch viel, die Zuhörerschaft zu mobilisieren und ihr den Zugang zu ungewohnten Tönen zu erleichtern. In den Jahren 1961, 1964 und 1969 veranstaltete er Wochen des „Zeitgenössischen Musiktheaters", in denen neben den Aufführungen Informations- und Reflexionsveranstaltungen liefen. In seinem Eröffnungsvortrag „Musiktheater oder Stagione" anläßlich des Internationalen Kongresses zum Thema „Zeitgenössisches Musiktheater" im Jahre 1964 begründete er sein Festhalten an „durchgefallenen" modernen Opern so: „Seien wir uns doch darüber klar, daß beim ersten Hören eines modernen Werkes kaum jemand irgend etwas versteht. Erst die dauernde Konfrontation mit einem Kunstwerk, das Wiederhören und das Wiedererkennen schaffen jene Beziehung zwischen Hörer und Schöpfung, die notwendig ist zum Verständnis und vielleicht im Glücksfall zur Liebe." Ende der sechziger Jahre kam seiner Arbeit die politische Entwicklung innerhalb der Studentenschaft entgegen. Es begann die Zeit kritischer Aufbruchstimmung, in der junge Intellektuelle verstaubten Überlieferungen den Kampf ansagten, die Studentenrevolte von 1968. Daß es in Hamburg einen Intendanten gab, der junge Komponisten zu modernen Opern ermutigte, und daß sich auf dem Gebiet des Theaters und der Musik eine Möglichkeit der Auseinandersetzung mit der Situation der eigenen Epoche abzeichnete, hatte sich schnell herumgesprochen. Das junge Publikum strömte in die Oper, die Anwesenheit und Gesprächsbereitschaft des Intendanten erhöhten das Interesse. Und wenn kein freier Sitzplatz die Zuhörer mehr aufnehmen konnte, wurden unbürokratisch und ohne Rücksicht auf den drohenden Zeigefinger der Feuerwehr die Stufen des Parketts als Sitzmöglichkeit zugelassen. „Nur vorsichtig sein und nichts gefährden", war dann die Devise, und so brachte Liebermann der Sache „moderne Oper" zusätzliche Sympathien ein. Trotzdem verziehen ihm viele nicht, daß er am herkömmlichen Betrieb mit dem tradierten Operngut festhielt, und sie beschimpften ihn als einen „‚alten Reaktionär', der sich an eine überlebte Kunstform klammerte". Konservative Opernbesucher warfen ihm dagegen vor, eine Art „modernistischer Bombenleger" zu sein. „Der eine Klüngel war so intolerant wie der andere", stellte Liebermann fest. Als der berühmte französische Komponist Pierre Boulez forderte, die Opernhäuser mögen abgebrannt werden, schaltete sich Liebermann in die Diskussion ein. Es sei eine Frage der Produktion und nicht eine Frage der

Realisation, wenn auf den Spielplänen der Opernhäuser zu wenige zeitgenössische Opern stünden. Die Komponisten sollten mehr Opern schreiben, sie könnten ruhig konventionelle Gegebenheiten unberücksichtigt lassen. Den Intendanten stünden für die Realisierung der Opern genügend moderne Mittel der Technik zur Verfügung, der große und angeblich schwerfällige Opernapparat sei nicht allein das Problem.

Rolf Liebermann im Gespräch mit Mauricio Kagel,
dem Komponisten, Regisseur und Dirigenten von
„Staatstheater" in einer Person

Die Hamburgische Staatsoper wurde zu einem Zentrum des zeitgenössischen Musiktheaters, auf das die internationale Musikwelt blickte. Liebermann hatte bewiesen: Ein Opernhaus kann der zeitgenössischen Musik eine noch wirkungsvollere Plattform sein als die Musikabteilung einer Rundfunkanstalt.

Sorge um das Niveau der Vorstellungen

Nicht nur ein erlesenes Publikum, sondern auch das „Volk" hatte im Verständnis von Rolf Liebermann Anspruch auf die authentischen Aufführungen, also mit den Sängern, die die Oper geprobt und die Inszenierung erarbeitet haben. Er empfand es als einen unerträglichen „Vertrauensmißbrauch", wenn „Opernfreunde nur zu oft das Pech haben, an die ‚zweite Besetzung' zu geraten, sobald die erste Garnitur vor einem erlesenen Publikum die Premiere absolviert hat". Das sei „um so ärgerlicher, als bei so fragwürdigen Methoden das ‚Volk' kaum je die Einstudierung zu sehen bekommt, von der in der Presse berichtet worden ist".

Wenn die auf die Premiere folgenden Vorstellungen das gleiche künstlerische Niveau behalten sollen, wie anders wäre das zu erreichen als mit einem hochqualifizierten, fest an das Haus gebundenen Sängerensemble? Trotz der stattlichen Zahl der Ensemblemitglieder von 62 in seiner ersten Spielzeit brauchte Liebermann besonders im Hinblick auf seine Pläne mit modernen Opern immer mehr gute und ebenso kluge Sänger. Sie mußten hochqualifiziert sein, dazu vorurteilsfrei und offen für neue Musik, ohne Angst vor ungewohnter Stimmbeanspruchung. Wie jeder Intendant war Liebermann stets auf der Suche nach neuen Talenten. Von seinen nach sängerischen Qualitäten ausgewählten Künstlern verlangte er, daß sie dem Hause treu blieben, damit er mit ihnen verläßlich arbeiten konnte. Neue Stücke verlangen ein besonders intensives Studium und eine lange einfühlsame Zusammenarbeit. Im Krankheitsfall mußten auch ersatzweise gleichwertige Sänger zur Verfügung stehen. Im Gegensatz zur üblichen Praxis konnten Sänger nicht ohne weiteres kurzfristig zum Einspringen „heran engagiert" werden, da nicht in jeder Stadt zeitgenössische Opern auf dem Programm stehen und Sänger für spezielle Rollen entsprechend rar sind. Liebermann mußte sich bereits gegen den Trend zum Startheater behaupten, das heißt gegen eine Entwicklung, in deren Verlauf erfolgreiche Sänger längerfristige Verträge mit einem Haus scheuen und lieber für Traumgagen von Metropole zu Metropole jetten. Aber Liebermann ist es gelungen, auch bereits international gefragte Sänger fest an seine Oper zu binden.

Natürlich ließ sich der Vorsatz einer gleichbleibenden Besetzung in allen Aufführungen in der Theaterrealität nicht immer problemlos verwirklichen. Natürlich mußten Gastspiele hausinterner Sänger an anderen Bühnen auch weiterhin sein. Schließlich war es auch für den Intendanten eine Ehre, international begehrte Künstler im Ensemble zu haben. Aber es war für Liebermann „eine Frage der Ensemblepolitik, so zu besetzen, daß für wichtige Partien, soll die Oper öfter gespielt werden, möglichst gleichwertige Vertreter zur Verfügung stehen. Sind diese nicht zu haben, dann soll-

Placido Domingo als Don José in „Carmen" von
Georges Bizet mit Huguette Tourangeau als
Carmen. Inszenierung Regina Resnik,
Hamburgische Staatsoper Juni 1971

te es das kleinere Übel sein, sich mit den Aufführungsterminen nach der einen offenbar allein gültigen Besetzung zu richten oder das Werk eben nicht zu geben, wenn dies nur mit ‚Ersatz‘ möglich ist.“

Zur Pflicht eines Opernintendanten zählt Rolf Liebermann darüber hinaus auch die Anstrengung, junge Sänger zu fördern. Um neue Talente aufzuspüren, besuchte er Vorstellungen in Opernhäusern der Provinz. Er gab auch denen eine Chance, die von sich aus bei ihm vorsangen. Dabei nahm er schon einmal ein Risiko in Kauf, um die Träume anderer zu erfüllen, ohne großen Lärm, ohne viele Umstände. Er hatte ein sicheres Gespür für entwicklungsfähige Stimmen, auch in ungünstigen Situationen.

Placido Domingo hatte am Tag seines Vorsingens im Herbst 1966 überhaupt keine Stimme, war total verschnupft. Er wollte auch gar nicht vorsingen, dem Klavierbegleiter war abgesagt worden. Dann hat es Liebermann doch geschafft, ihm acht Takte Gesang mit eigener Klavierbegleitung abzutrotzen, und er hat ihn engagiert. Am 8. Januar 1967 sang Placido Domingo in Hamburg den Cavaradossi in der „Tosca“ von Puccini.

Eine gute Wahl hat Liebermann auch getroffen, als er sich für mehrere weltbekannt gewordene Sänger wie Hans Sotin, Hanna Schwarz, Tatjana Troyanos, Judith Beckmann, Franz Grundheber, Tom Krause und Kurt Moll entschied. Noch höher ist zu schätzen, daß er sie lange an seinem Haus halten konnte, obwohl sie längst mit hochdotierten auswärtigen Angeboten gelockt wurden. Auch wenn einige von ihnen mit der Zeit doch ihre Verbindung zum Hamburger Ensemble zugunsten freier Verträge lösten, fühlten sie sich ihrer ersten große Bühne weiterhin verpflichtet und waren zur Stelle, wenn ihr damaliger Chef rief.

Rolf Liebermann hat Domingos Weltkarriere sogar selbst beschleunigt. Im Magazin der Hamburgischen Staatsoper „Auftakt“ Nr. 10 der Spielzeit 1994/95 erzählt er die Geschichte: „Er hatte mir schon bald anvertraut, daß er unbedingt noch vor seinem 30. Lebensjahr einmal an der New Yorker Metropolitan Opera singen möchte. Ich sagte: ‚Ja, das wird nicht so einfach sein, aber vielleicht wird es der Zufall wollen.‘ Eines Tages rief mich plötzlich Rudolf Bing an, damals der Intendant der Met, und sagte mir, daß ihm sein Manrico im ‚Troubador‘ ausgefallen sei: ‚Haben Sie zufälligerweise einen Ersatz?‘ Ich erwiderte sofort: ‚Ja, ich wüßte jemanden. Er hat es, soweit ich weiß, zwar noch nie ge-

Rolf Liebermann im Gespräch mit Generalmusikdirektor Leopold Ludwig und Regisseur Günther
Rennert während der Proben zu „Ein Som-
mernachtstraum" von Benjamin Britten. Deutsche
Erstaufführung 21. Februar 1961

sungen, aber er wird die Partie ganz schnell lernen und es sicher sehr gut machen, denn er hat eine wunderschöne Stimme, dafür kann ich garantieren.' Und so kam Placido an die Met. Das führte allerdings dazu, daß er von nun an seltener in Hamburg sang, weil mit diesem Debut ein Riesenwirbel um ihn losging und seine Weltkarriere nun ganz gewiß vorbestimmt war.«

Und das Ballett?

Hamburg war kein Zentrum der deutschen Ballettarbeit, war mit Berlin und München nicht zu vergleichen. Nur selten zog das Hamburger Ballett mit Ur- oder Erstaufführungen die Aufmerksamkeit über die Landesgrenzen hinweg auf sich, große Tänzer oder Ballettmeister blieben nicht lange in der Hansestadt. So hatte sich Günther Rennert vergeblich bemüht, die Tänzerin und Hauptvertreterin der deutschen Tradition modernen Ausdruckstanzes, Dore Hoyer, länger als zwei Jahre über 1952 hinaus am Haus zu halten. Helga Swedlund verabschiedete sich 1957 nach 17 Spielzeiten als Leiterin des Balletts von der Hamburgischen Staatsoper, in denen sie eine merkliche Zunahme von Ballettvorstellungen erreicht hatte. Als Rolf Liebermann die Oper übernahm, leitete Gustav Blank als Ballettmeister das Hamburger Ballett. Er war eher ein Bewahrer der Tradition als ein Förderer moderner Ausdrucksformen, eher ein guter Trainingsleiter als ein einfallsreicher Choreograph. So schien ein zeitgenössisches Ballett zu dieser Zeit nicht denkbar.

Rolf Liebermann hatte nun seine eigenen Pläne mit dem Ballett der Hamburgischen Staatsoper. Zuerst einmal mußte es eine selbständige Kunst am Opernhaus werden mit einem eigenen, abendfüllenden Repertoire. Das deutsche Theater dürfe sich gegenüber anderen Ländern nach seiner Ansicht nicht dadurch deklassieren, daß es sein Ballett nur für Balletteinlagen in Opern verwendet. Außerdem würden bei den möglicherweise anstehenden Arbeitsverkürzungen bei Chor und Technik abendfüllende Ballettaufführungen in Zukunft sowieso willkommen sein. Die Anzahl der Ballettabende darf nicht zu gering sein, nicht nur im Interesse der Solisten und Gruppentänzer, deren aktive Zeit naturgemäß sehr kurz ist, sogar die kürzeste aller am Theater Beschäftigten. Eine Ballettkompanie muß auch die Chance haben, durch zahlreiche Einsätze den erarbeiteten Standard erhalten und internationalen

Im Herbst 1960 holte Rolf Liebermann den
Großmeister der Choreographie George Balanchine
für die erste Zusammenarbeit mit einem
deutschen Ensemble nach Hamburg: „George
Balanchine ist ein Mensch, der, wenn man
ihn um etwas bittet, nie nein sagt. Wenn man sagt:
bitte, hilf mir, ist er da."

Anforderungen genügen zu können. Also wurde die Zahl der Ballettabende erhöht, und die Ballettkompanie regelmäßig europaweit auf Gastspielreisen geschickt.

Zunächst stand weniger modernes Ballett im Mittelpunkt, vielmehr sorgte Rolf Liebermann zuerst einmal für den Anschluß an die Weltspitze des Tanzes. Die Zeit seiner ersten Hamburger Intendanz wurde durch das gleichzeitige Wirken zweier weltberühmter Tänzer und Choreographen geprägt: George Balanchine und Peter van Dyk. Wie es Liebermann gelang, den schon 70jährigen George Balanchine als Berater für das Hamburger Ballett zu gewinnen, bleibt sein Geheimnis. Balanchine, von dem berühmten russischen Diaghilew-Ballett kommend und dann mit dem New York City Ballet berühmt geworden, war nämlich mit den Haushaltsmitteln der Hamburgischen Staatsoper nicht zu bezahlen. „Schau, es gibt keine Ballett-Tradition in Deutschland, alles ist von vorn aufzubauen, ich brauche Hilfe, bitte hilf mir. Es muß einer von der Qualität wie du anfangen, mit den deutschen Balletten zu arbeiten, weil das die einzige Möglichkeit ist, überhaupt eines aufzubauen in diesem Rahmen", lautete Liebermanns Hilferuf. Wie es weiterging, erzählte er so: „Und als ich ihm sagte, zahlen kann ich auch nichts, ich kann dir die Reise bezahlen und das Hotel, aber ich kann dir keine Gage bezahlen, das Geld habe ich nicht – dann war das auch kein Thema für ihn." Balanchine begann seine Arbeit in Hamburg 1960 mit dem „Concerto barocco" von J. S. Bach und der „Serenade" von Tschaikowski. Im Laufe der Zeit hat das Hamburger Ballett das gesamte Balanchine-Repertoire auf Gastspielreisen vorgestellt und damit internationales Ansehen für sich und das Hamburger Opernhaus erlangt.

Schon in seiner ersten Spielzeit konnte Liebermann auch Peter van Dyk, seit 1955 als einziger Deutscher „Premier danseur étoile" an der Pariser Oper, für die Choreographie von Schönbergs „Pelleas und Melisande" und als Solotänzer darin gewinnen. 1962 wurde Peter van Dyk auch Ballettdirektor und blieb es bis 1970. Seine Stärke war die meisterhafte Beherrschung des klassischen Tanzes, seine Choreographien waren an der Auslegung des Gehalts orientiert. Für die Ballettkompanie war sein Wirken Gewinn und Ansporn zugleich. Die Ballettkompanie wurde weiter ausgebaut, die Zahl ihrer Mitglieder erhöht. Peter van Dyk hat den klassischen Stil hervorragend vermittelt und internationale Maßstäbe gesetzt.

Peter van Dyk mit Gerda Daum in seinem Ballett
von 1965 „Verklärte Nacht" nach Musik des frühen
Arnold Schönberg (1899)

Allerdings hat er auf diese Weise nicht wirklich Neues geschaffen, auch nicht, wenn er mit moderner Musik arbeitete, mit Musik von Arnold Schönberg, Werner Henze oder Olivier Messiaen. Dagegen hat George Balanchine mit seinen Choreographien Neuschöpfungen vorgestellt, den klassischen Stil behutsam erweitert. Er hat den Tanz von dem Anspruch befreit, etwas erzählen zu müssen, hat musikalische Strukturen über tänzerische Strukturen wiedergegeben. Balanchine wird als der Meister des neoklassischen Balletts gewürdigt.

Mit der Zeit dachte Rolf Liebermann daran, der Gefahr einer Stagnation, die durch ein Festhalten am konventionellen Ballett drohte, zu begegnen. Außerdem sah er dem Ballett im Zusammenhang mit der Förderung des zeitgenössischen Musiktheaters eine besondere Aufgabe erwachsen. Über ein Angebot für das Auge könne es dem Publikum den Zugang zu neuer Musik erleichtern, denn „das Auge ist dem Ohr ein Helfer". So engagierte er Alwin Nikolais, der schon für die Bewegungsregie in Menottis Oper „Hilfe, Hilfe, die Globolinks" verantwortlich war, 1973 noch einmal für „Kyldex I" mit Carolyn Carlson und ebenfalls Marcel Marceau, Maurice Béjart, Gerhard Bohner und Glen Tetley. Natürlich stellte Liebermann an die Qualität der Ballettaufführungen die gleichen höchsten Ansprüche wie an die Opernvorstellungen. Dafür bot er auch beste Bedingungen, eine geeignete Spielstätte, wenn nötig auch außerhalb des Opernhauses, und live gespielte Musik. So ermöglichte er 1971 im Malersaal des Deutschen Schauspielhauses ein denkwürdiges Ballettereignis mit zwei choreographischen Arbeiten. Gerhard Bohner stellte erstmals sein „machen = opfern" nach der Musik von Yannis Xenakis vor. Für die Hamburger Aufführung von Glen Tetleys „Circles", das er für das Nederlands Dans Theater nach der Musik von Luciano Berio geschaffen hatte, engagierte Liebermann sogar Cathy Bareerian, das wenn auch eigentlich nicht bezahlbare, aber einzigartige Qualität garantierende „Stimmwunder" zu der aufwendigen, live gespielten Musik von Luciano Berio.

Galaabende

Rolf Liebermann war umsichtiger Intendant seiner Zeit genug, sich der Entwicklung an den Opernhäusern nicht entgegenzustellen. Auch er wollte sich den auf die Theater zugekommenen

Zwängen nicht verweigern, zur Erhaltung ihres Renommees künstlerische Glanzpunkte durch Gast-Engagements erstklassiger Weltstars zu setzen. Liebermann stritt gar nicht ab, daß es sinnvoll sein kann, ab und zu Weltstars zu präsentieren, „um das Publikum zur Kontrolle gewisser legendärer Vorstellungen zu erziehen, wie sie die Perfektion einer Schallplattenaufnahme leicht erwecken kann". In den Jahren 1962, 1963, 1965, 1966 und 1971 veranstaltete er „Festliche Opernabende", für die er weltberühmte Stars als Gäste gewinnen konnte. So lenkte er auf diese Weise auch wieder die Aufmerksamkeit der Welt auf Hamburg, leistete damit aber auch ungewollt einen Beitrag zum weltweit um sich greifenden Verfall der Ensembleidee.

Ein Galaabend ganz besonderer Art und zugleich Hauptereignis in der Hamburger Ballettgeschichte war die Feier zum 80. Geburtstag des von Rolf Liebermann hoch geschätzten Komponisten Igor Strawinsky am 24. Juni 1962. Allein daß diese Feier in Hamburg stattfinden konnte, war eine von Liebermann trickreich eingefädelte Meisterleistung, und er wurde nicht müde, sie bei vielen Gelegenheiten zu erzählen: Mit Igor Strawinsky verband ihn eine tiefe Freundschaft, gespeist aus Bewunderung und Respekt vor seiner Lebenseinstellung sowie seiner künstlerischen Leistung. Strawinskys runden Geburtstag an der Hamburgischen Staatsoper zu feiern, würde Liebermann eine besondere Genugtuung bedeuten. Der Vertrag über den Ballettabend u. a. mit dem „Apollon Musagète" war bereits ein Jahr zuvor unterzeichnet worden, aber dann schien alles noch einmal gefährdet zu sein. Zu Strawinskys großer Freude erhielt er aus Moskau eine Einladung, seinen großen Ehrentag dort als Staatsgast zu verbringen. Die Gelegenheit, seine vor mehr als 50 Jahren verlassene Heimat endlich wiedersehen zu können, wollte er der Vertragserfüllung in Hamburg vorziehen. Von seinem Aufenthalt in der Schweiz war er nach der Revolution von 1917 nicht mehr nach Rußland zurückgekehrt. Liebermanns Versuche, ihn umzustimmen, waren vergebens. Nun scheute Liebermann nicht davor zurück, die beiden Weltmächte gegeneinander auszuspielen. Über den russisch-amerikanischen Komponisten Nikolai Nabokov, der mit allen Beteiligten befreundet war und Jackie Kennedy gut kannte, erwirkte er postwendend, daß Präsident Kennedy einen offiziellen Empfang im Weißen Haus anläßlich des 80. Geburtstags des „hochberühmten, zu einem amerikanischen Staatsbürger mutierten Igor Strawinsky" ankündigte. Der Rest erledigte sich dann von ganz allein. Strawinsky wollte weder die UdSSR noch die USA vor den Kopf stoßen. Da blieb es dann doch bei der verabredeten Feier in Hamburg, für die anderen Einladungen fanden sich später auch noch Termine.

Für das Ballett war es insofern ein hochkarätiges Ereignis, weil die beiden weltberühmten Künstler, die beide aus St. Petersburg stammten und außerhalb Rußlands lebten, zusammentrafen: George Balanchine und Igor Strawinsky. Auf dem Programm standen drei Ballettmusiken von Strawinsky in der Choreographie von Balanchine – neoklassische Musik choreographiert im neoklassischen Stil –, und zur Krönung stand beim „Apollon Musagète" Strawinsky selbst am Dirigentenpult. Die Scheinwerfer der internationalen Öffentlichkeit waren auf Hamburg gerichtet, ein Triumph für Hamburg und natürlich auch eine willkommene Aufwertung der Hamburger Ballettkompanie.

Die Wirtschaft ist eine Kunst für sich

Wie bekannt stand Rolf Liebermann nicht allein an der Spitze der Hamburgischen Staatsoper. Als zweiter Vorstand wirkte gleichberechtigt neben ihm Herbert Paris, der auch der kaufmännische Direktor des Philharmonischen Staatsorchesters war. „Liebermann verhandelt um der Ehre willen, Paris verhandelt um Geld", hieß es, und außerhalb der Oper sprach man von den „Dammtor-Brothers". Liebermann lernte die kaufmännischen Fähigkeiten des Staatsoperndirektors mit Hochachtung schätzen. Paris verstand es nicht nur, zu kalkulieren und Verträge auszuhandeln. Sachkunde bewies er darüber hinaus auf den Gebieten Tarife, Urheberrecht und Werbung, die er in den jeweiligen Ausschüssen des Deutschen Bühnenvereins einbrachte. Selbstverständlich lagen die Kalkulationen für die insgesamt 32 Gastspiele der Hamburgischen Staatsoper im In- und Ausland in Herbert Paris' Händen. Während des Gastspiels in New York vom 23. Juni bis 2. Juli 1967 wurden unter seiner Verantwortung Verträge für dreizehn Fernsehaufzeichnungen von Inszenierungen aus dem Repertoire der Staatsoper geschlossen, die zu der Zeit als die ersten ihrer Art galten. Genauso neuartig waren die von ihm mitgestalteten Verträge für Schallplatteneinspielungen fertiger Opernproduktionen.

Rolf Liebermann mit Igor Strawinsky auf der
Feier von Strawinskys 80. Geburtstag in der
Hamburgischen Staatsoper

Trotzdem war es Rolf Liebermann, der die Haushaltsverhandlungen mit dem Senat führte. Er erkämpfte einen an ihn persönlich gebundenen Haushaltetat und wurde somit vom Votum der Hamburger Bürgerschaft unabhängig. Er machte 1967 sein weiteres Bleiben in Hamburg davon abhängig, daß sein künstlerischer Etat dem der Opernhäuser in Berlin und München angeglichen wurde. Jedes andere Ergebnis lehnte er als Entscheidung für ein provinzielles Stadttheater ab. Trotz des großzügigen Budgets konnte Liebermann nicht alle Pläne risikolos finanzieren. Die „Festlichen Opernabende" und große Stars waren damit nicht zu bezahlen. Umgekehrt kamen Mehreinnahmen durch höhere Eintrittspreise für Aufführungen mit Weltstars dem Opernhaus nicht zugute, da sie immer auf den nächstfolgenden Etat angerechnet wurden. Liebermann verschaffte dem Abhilfe, indem er eine Stiftung anregte, die eine unternehmerische Arbeit ermöglichte. Er gewann mehrere theaterinteressierte Persönlichkeiten für seine Idee, und so wurde am 6. Dezember 1960 die „Stiftung zur Förderung der Hamburgischen Staatsoper" gegründet. Erster Vorsitzender des Stiftungs-Kuratoriums war Eduard Söring, ab 1965 Dr. Kurt A. Körber. Mit Geldern aus der Stiftung konnten nun langjährige Sänger des Ensembles, wenn sie einen bestimmten künstlerischen Standard erreicht hatten, mit Sondergagen am Haus gehalten werden. 1966 wurde mit den Geldern der nach dem ersten Geschäftsführer genannte Dr.-Wilhelm-Oberdörffer-Preis für ausübende Künstler ins Leben gerufen und im gleichen Jahr an Hans Sotin verliehen. Weitere Preisträger waren Franz Grundheber, William Workman, Paula Page und die Tänzerinnen Iris Richter und Magali Messac.

Hausherr und Patron

Liebermann wußte, daß der Erfolg seiner Arbeit vom Arbeitsklima abhing, von den Umgangsformen, von seinem Führungsstil. Wie er sich den vorstellte, signalisierte er am Tag seiner Amtseinführung mit einer Nachricht am Schwarzen Brett: „Darf ich Sie sehr bitten, mir nicht irgendwelche anonymen Titel zu geben, sondern mich bei meinem Namen zu nennen. Mit bestem Dank. Rolf Liebermann, Musiker." Den richtigen Umgang mit den Mitarbeitern auf allen Ebenen des Hauses zu finden, sollte ihm bei seinem Naturell und mit seinen Erfahrungen nicht schwerfallen. Anfangs

Intendant Rolf Liebermann lud an seinem
60. Geburtstag am 14. September 1970 zu einem
Maskenfest. Er selbst kam als Gefangener (des
Opernbetriebs) und ließ sich mit an die Kette des
„hungerleidenden" Balletts nehmen.

verblüffte er die Belegschaft damit, daß er bald über jeden einzelnen informiert war und bis hin zum Vorhangzieher alle namentlich kannte.

Ein Patron wollte er sein, an den sich alle am Haus Beschäftigten wenden können, der bei plötzlich auftretenden Schwierigkeiten mit unorthodoxen Lösungen helfen kann. Er legte auch großen Wert auf einen demokratischen Geist, sogar auf ein kameradschaftliches Klima. Er gab seinen Sängern und Mitarbeitern Halt, er stellte sich schützend vor sie, ermunterte und tröstete sie. Er glaubte an sie, auch wenn Regisseure meinten, Grund zur Klage zu haben. Jahrzehnte später erzählte zum Beispiel Ursula Boese eine für sie damals gar nicht so amüsante Geschichte aus ihren ersten Berufsjahren in Hamburg. Es ging um die Verführungsszene Maddalena/Herzog im „Rigoletto", deren von Regisseur Walter Felsenstein angewiesene Gestaltung ihr zu weit ging und sie sich weigerte, einige Details auszuführen. Liebermann ließ sich keine Umbesetzung abringen, obwohl Felsensteins Flehen immer lauter wurde. Als sie schließlich ihren Widerstand aufgab und eine echte Maddalena spielte, jubelte Liebermann nach der Premiere und rief: „Sehen Sie, doch Hure!" Er wußte immer, was er wollte und fand einen Weg, das Gewünschte zu erreichen. Er gebrauchte dazu sein diplomatisches Geschick, „er war ein kleiner Gauner", gestand schmunzelnd seine Ehefrau Hélène, „aber er haßte Intrigen." Er spielte keine Personen gegeneinander aus, er stand offen zu seinen Entscheidungen. So war seine Anrede „Meine Lieben ..." nach den Premieren immer ehrlich gemeint. Sein Dank galt den Mitarbeitern aller Sparten in gleicher Weise.

Er konnte zuhören, gewagt entscheiden, Widersprüche hinnehmen, aber auch hart arbeiten. Letzteres verlangte er von anderen genauso. Er haßte unprofessionelle Arbeit und Provinzielles und vor allem Routine. Er stellte zu jeder Zeit hohe bis höchste Anforderungen an seine Mitarbeiter. Das Beste war ihm Vergnügen. Abend für Abend saß er bei jeder Repertoirevorstellung im Zuschauerraum, erste Reihe Platz 3 rechts, beobachtete aus nächster Nähe das Geschehen auf der Bühne, wachte darüber, daß Inszenierungen trotz jahrelanger Spielplanpräsenz nicht verflachten und beobachtete schließlich seine Künstler.

Rolf Liebermann ließ keinen Zweifel daran, daß Autorität auch straffe Führung bedeutet. Er legte zum Beispiel Wert darauf, daß die Sänger bei Bedarf auch wirklich zur Verfügung stehen. Die

Zustimmung zu einem auswärtigen Gastspiel hat sich Liebermann in jedem Falle selbst vorbehalten, in Abstimmung mit dem eigenen Spielplan. Das gab mitunter Anlaß für Unmut. Natürlich jubelte ein Sänger nicht, wenn er für ein interessantes Gastspielangebot nicht freigegeben wurde, oder wenn er von der Anbieterseite erfuhr, daß das Angebot abgelehnt wurde, bevor es ihn überhaupt erreicht hatte. Was in Besetzungsfragen für den einen Förderung in seiner Laufbahn bedeutete, war für den anderen Enttäuschung. Manche Sänger waren mit ihrem Einsatz ausschließlich in modernen Opern nicht glücklich, besorgt, eine ihnen vorschwebende Karriere zu versäumen. Liebermann verzieh es einem Sänger nur schwer, wenn er seinen Besetzungsvorschlag nicht akzeptierte, etwa weil ihm die zugedachte Rolle zu klein erschien. Auch Liebermanns Streben nach einem international zusammengestellten Ensemble beobachtete manch deutscher Ensemblesänger mit Argwohn und Angst vor Nichtbeachtung auf einer Besetzungsliste. Es wäre trügerisch zu glauben, daß sich Liebermann immer nur Freunde gemacht hat.

Dann konnte er wieder ganz unkompliziert zugänglich sein. Er, der sich selbst als naiv bezeichnet hat, brachte jedem Vertrauen entgegen, gab dabei sich und seine Meinungen schutzlos preis. Er ging sensibel mit seinem Gegenüber um, war dann schnell verletzt, wenn andere ihm derb begegneten. So groß die Erfolge waren, die er in der Staatsoper hatte, so viel Anerkennung er auch erfuhr – wußten seine Mitarbeiter eigentlich, daß er sich dabei stark abhängig von Personen und äußeren Gegebenheiten fühlte? Das einmal öffentlich kundzutun, bot sich die Gelegenheit an seinem 60. Geburtstag, den er nirgends anders als in „seinem Haus" mit „seinen Lieben" feiern wollte:

Die Werkstätten der Hamburgischen Staatsoper am Schlicksweg (Stadtteil Barmbek-Nord) waren nicht wiederzuerkennen. Leergeräumt, bunte Riesengemälde an den Wänden, Luftballons, farbige Lichteffekte – es war kein Problem für die Profis des Opernhauses, aus den Arbeitsräumen einen „Superballsaal" zu zaubern. Die Menschen darin wirbelten durcheinander, bunt verkleidet, maskiert bis zur Unkenntlichkeit, froh gestimmt bei edel Speis und Trank. Es war nicht Karneval, sondern der 14. September 1970. Rolf Liebermann, der Intendant der Oper, hatte zum 60. Geburtstag geladen. Die Eintrittskarte: eine schwarze Maske. Die Bedingung: ein bunt gestaltetes Kostüm.

Großzügig sollte alles sein, der gesamte Kostümfundus und die Requisite der Oper standen zur Verfügung. Jeder konnte sich bedienen, seine Fantasie bemühen. 900 Auserwählte hatten eine Einladung bekommen, noch einmal so viele haben ihre eigenen Masken gebastelt und sich so selbst eingeladen. Fundus und Maskenbildnerei wurden gestürmt, bis der Chefmaskenbildner stöhnte: „Ich hab' jetzt nichts mehr, kein einziges Stück Bart. Wir haben schon Bestände der laufenden Vorstellungen angeknabbert." Man könnte ja einmal Masken „sprechen" lassen, eine Botschaft in den Raum stellen, sagte sich das Ballett. Das gesamte Corps de ballet hüllte sich in jämmerliche Lumpen, fand letzte Kostümfetzen und dazu die lange Kette aus der Oper „Fidelio", an die sich alle Tänzer fesselten. Ein langer Zug erbärmlicher Hungerleider schleppte sich durch den Saal – das Ballett mit den am schlechtesten bezahlten Verträgen. Es galt die Abmachung: Wir werden als erste das kalte Büfett stürmen und gründlich abräumen, wer könnte es diesen Hungerleidern verübeln?

Da fand sich auf dem Parkett ein Leidensgenosse, ein Gefangener mit der Registriernummer 347. Solidarität machte sich breit: „Wir haben noch einen Platz an unserer Kette frei", forderten sie ihn auf, „wir nehmen die erstklassige Gelegenheit wahr, uns an dem erstklassigen Büfett zu laben. Wann bietet sich uns Ähnliches wieder?" Der Häftling nahm an, er solle nur nicht zögern und „kräftig reinhauen". Alles hat wunderbar geklappt. Um Mitternacht kam die große Überraschung: Wer war wer, mit wem hat wer was ausgeheckt? Aus dem gewichtigen Voltaire, der mit lockiger Perücke über das Tanzparkett rauschte, wurde August Everding. Hinter dem Arzt, der immer einen Grund gefunden hatte, sich um „Patientinnen" zu kümmern, verbarg sich Harry Meyen, der Ehemann von Romy Schneider. Aber wer und wo war der Jubilar und Gastgeber? Großes Entsetzen und befreiendes Lachen: Rolf Liebermann hatte, angekettet an sein „hungerleidendes Ballett", als Häftling Nr. 347 sein eigenes Büfett stürmen dürfen.

Die Oper war Liebermanns Lebensmittelpunkt schlechthin. Die wenigste Zeit verbrachte er in der kleinen Zweizimmerwohnung im 13. Stock eines Grindel-Hochhauses, in die er nach der Rückkehr seiner Frau Gioconda mit dem gemeinsamen Sohn in die Schweiz gezogen war. „Ich liebe die Anonymität in dieser kleinen Wohnung. Zum Repräsentieren habe ich keine Zeit", entgegnete er denen, die etwas mehr Wohnkomfort erwartet hatten.

Die Hamburgische Staatsoper verabschiedete
ihren weltberühmten Intendanten im Sommer 1973
wie einen König. „Hören Sie auf Paris!"
(neben ihm sitzend), riet Liebermann seinem
Nachfolger August Everding.

Er organisierte alles von seinem Büro aus, das sich im neuen Verwaltungsgebäude in der Großen Theaterstraße befand. Das allerdings war mit erlesenen Gegenständen ausgerüstet: Weiche Ledergarnitur, modernes Glas, kinetische Objekte, eine Calder-Grafik, das Modell der Pinocchio-Puppe aus einem Ballett, dazu ein Fernsehapparat, über den er jederzeit das Geschehen auf der Bühne überwachen konnte. Dort wartete morgens um 9 Uhr seine Chefsekretärin Helen Grob im Vorzimmer auf seinen Anruf. Läutete der Apparat mit der Geheimnummer, war Zeit zum Kaffeekochen, bald kam Rolf Liebermann, frühstückte in seinem Büro, las die Zeitung, ging die Post durch.

Um die auswärtigen Gäste der Staatsoper bemühte er sich sehr aufmerksam. Er sorgte dafür, daß sich die Künstler auch außerhalb der Proben- und Vorstellungstermine wohl fühlten, sie sollten ja schließlich einmal wiederkommen. Aufgrund seiner guten Erfahrungen mit dem Hotel „Vier Jahreszeiten", das in seinen ersten Hamburger Jahren vorübergehender Aufenthaltsort für ihn und seine Familie war, quartierte er alle Gäste in der Nobelherberge an der Alster ein. Luciano Pavarotti, Joan Sutherland, Teresa Berganza, Mirella Freni, Placido Domingo, Igor Strawinsky und viele andere wohnten hier. Die Künstler konnten durch den Hinterausgang direkt den Bühneneingang erreichen. Die Räume des Hotels hörten vertrauliche Gespräche, waren Zeugen von Freude und Frust. Man traf sich dort zum Feiern oder schnell einmal zum Nachfeiern. Das Hotel wurde immer mehr zu Liebermanns „zweitem Wohnzimmer". Aus der Sicht des Hotelchefs Fritz Haerlin „war die neue Oper ein prima Geschäft … Der Komponist und Opernintendant Rolf Liebermann aß gern ‚Kaviar original'. Das bedeutete, daß Kröger aus der Kilodose vorlegte, die vor- und nachher in der Küche gewogen wurde."

Liebermann hat sich jedesmal besonders gefreut, wenn er merkte, daß sogar die Hamburger Bevölkerung an den prominenten Besuchern Anteil nahm. So erlebte er einmal, daß ein Taxifahrer kein Geld annehmen wollte mit den Worten: „Danke – ich nehme kein Geld. Es war mir eine Ehre, Herrn Strawinsky zu fahren." Noch erstaunter war er, als ein Türsteher auf der Reeperbahn die Tür zu dem Vergnügungslokal aufriß und „mit großer Geste bat: ‚Bitte, Herr Strawinsky – treten Sie ein!'". Zu einem Triumph im wahrsten Sinne des Wortes wurde sein Spaziergang mit der berühmten schwedischen Sängerin Birgit Nilsson, der er einmal die

Großartig gefeiert wurde Rolf Liebermann bei
seinem Abschied von der Staatsoper auch
auf diese Weise.

Reeperbahn zeigen wollte. Am Abend zuvor hatte sie in einer von
der Puffmutter der Herbertstraße für die dort arbeitenden Damen
arrangierten Vorstellung der „Aida" die Titelrolle gesungen. Birgit Nilsson muß einen nachhaltigen Eindruck hinterlassen haben.
Als Liebermann sie durch die Herbertstraße führte, wurden beide
sofort erkannt, und wie ein Lauffeuer verbreitete sich die Nachricht durch die ganze Häuserreihe. „Gleich das erste Mädchen,
das da im Fenster sitzt, entdeckt die Sängerin und fängt an zu ap-
plaudieren. Und dann klatscht plötzlich die ganze Straße. So sind
wir im Triumphmarsch durchs Bordell geschritten."
Rückblickend hat Rolf Liebermann seine ersten Jahre an der
Hamburgischen Staatsoper als die glanzvollste Periode in seinem
Leben bezeichnet.

Grand Opéra im Palais Garnier Paris
1973–1980

Im Jahre 1973 betrat Rolf Liebermann eine neue Bühne, mit anderen Kulissen, anderen Mitspielern, anderen Gesetzen. Diese Bühne stand in Paris, war die früher renommierte Grand Opéra im Palais Garnier, von Louis XIV. gegründet, je nach der politischen Situation „Académie Impériale" oder „Théâtre Royal" genannt und zwischendurch republikanisches Theater, dann wieder unter Napoleon königliches oder kaiserliches Theater gewesen. Ihre „Größe" führte sie allerdings nur noch im Namen, und dieser Name ließ sie trotz des erbärmlichen künstlerischen Niveaus, trotz der technischen Mängel und zweifelhaften Arbeitsbedingungen weiter bestehen.

Zwei Jahre vor Auslaufen seines Vertrages in Hamburg hatte Rolf Liebermann die Offerte aus Paris erreicht: Der französische Staatspräsident Georges Pompidou wünschte, ihm die Leitung der Grand Opéra und der Opéra Comique anzuvertrauen. Zu der Zeit hatte Liebermann die ihm angebotenen Intendantenposten der Wiener Staatsoper und der New Yorker Metropolitan Opera bereits abgelehnt. Seinen Vertrag in Hamburg gedachte er auch nicht zu verlängern, er wollte kein Opernhaus mehr führen. „Ich wollte keine Kunst mehr administrieren. Ich wollte versuchen, bevor ich total senil bin, noch was zu komponieren."

Sein Entschluß, die Leitung der Oper in Paris dann doch zu übernehmen, überraschte die Öffentlichkeit um so mehr, da er, der Förderer der Moderne, sich für ein verstaubtes Haus mit uralten

Kunst ist nicht nur sublimierter Ausdruck von
Emotionen, sondern sie verhilft dem Menschen zur
Erkenntnis der Welt – „der Künstler ist die
Hoffnung der Menschheit".

Organisationsplänen und mit einem „reaktionären Publikum, das
auf ‚Carmen' und ‚Aida' abonniert" war, entschieden hatte. Aber
genau das hat Liebermann als reizvoll bezeichnet, „von Null anfangen zu können, das war das Verführerische an der Situation".
Auch daß manche diese schwierige bis aussichtslose Aufgabe als
„Todeskommando" betrachteten, konnte Rolf Liebermann nicht
beunruhigen. „Wenn ich die Direktion der Pariser Oper übernommen habe, so vor allem, um mich zu amüsieren. Der Einsatz ist
für mich eine sportliche Angelegenheit, er ist für meine Karriere
nicht mehr entscheidend. Ich habe nicht die Absicht, in Paris meine Haut zu lassen", antwortete er gegenüber dem „Figaro" kurz
nach seinem Amtsantritt in Paris. Aber die Chance, die einem
„nur alle dreihundert Jahre einmal in die Hände fällt", wollte er
wahrnehmen. Er stürzte sich in das Abenteuer Paris und entfach-
te damit eine Revolution unerwarteten Ausmaßes. Von Kulturrevolution war die Rede, von einem zweiten 1789 gar.
Die Revolution begann damit, daß der Kulturminister Jacques
Duhamel seinen suchenden Blick über die Grenzen hinweg rich-
tete und damit dem entsetzten französischen Volk zu verstehen

gab, daß in seinen Reihen kein geeigneter Mann für diese Aufgabe in Sicht war. Dieses Manko wurde noch schmerzlicher empfunden durch den Umstand, daß das Parlament dafür ein Gesetz aus Napoleons Feder abändern mußte und das auch tat, nach dem der Administrateur Général du Théâtre National de l'Opéra de Paris Franzose zu sein hatte. Kein Ausländer durfte bis dahin französische Staatsgelder verwalten. Es hagelte Proteste, die nach „Opernwelt"-Berichten vom Dezember 1973 in Reden gipfelten wie: „Nicht einmal während der deutschen Besatzung hatte man es gewagt, einen Ausländer an die Spitze unserer nationalen Institutionen zu setzen." Als Teutone, Berserker, Germane wurde Rolf Liebermann beschimpft, sogar der Anblick von Hakenkreuzschmierereien blieb ihm nicht erspart. Es reichte wohl, daß der Schweizer aus einem deutschen Opernhaus herausgerufen worden war. Hätte Liebermann solche Kommentare aus konservativen Kreisen und als Überreaktion einer nationalistisch denkenden Bourgeoisie zur Not akzeptiert, so war er überrascht, chauvinistische Reaktionen auch aus dem Lager der Linken zu hören. Die Kommunistische Partei Frankreichs rief zu Protestversammlungen auf. Als er im März 1973 in die Oper kam, empfingen ihn an den Wänden des Hauses Plakate von Frankreichs größter Gewerkschaft, auf denen stand: „Hütet euch vor Ausländern!"
Die Grand Opéra war in 25 Jahren unter elfmal wechselnder Intendanz zu einem gesellschaftlichen Präsentiersalon mit künstlerischem Rahmenprogramm erstarrt. Das Repertoire bestand aus einer begrenzten Anzahl gängiger Opernklassiker, dazu in jahrzehnte alten Inszenierungen. „Rigoletto" war am beliebtesten und wurde beispielsweise seit 20 Jahren unverändert aufgeführt, die letzte „Aida"-Vorstellung ging sogar beinahe im Gelächter des Publikums „über das armselige Spektakel" unter. Neben französischen Künstlern durften nur bis zu zehn Prozent der Sänger aus dem Ausland kommen. Es waren alternde Sänger, die ihre Karriere ausklingen ließen. „Wer fertig ist, geht nach Paris", verständigten sie sich untereinander. Dabei stand die Oper hoch im Kurs der sich feiernden Gesellschaft, es floß der Champagner, große Roben hatten Hochkonjunktur.
Zu gegebenen Anlässen hat Liebermann mehrmals Georges Pompidous Kunstsinn gelobt, dem die Grand Opéra ihre Reform zu verdanken hatte. Nachhaltig hat ihn auch Jacques Duhamel beeindruckt, der trotz dreier Absagen in seinen Verhandlungen

hartnäckig blieb und ihm schließlich das „Ja" abtrotzte. Seine Verbundenheit mit ihm konnte Liebermann nicht passender dokumentieren, als ihm sein 1981 erschienenes Buch „Und jedermann erwartet sich ein Fest" zu widmen. Eine Anekdote, wie hoch ihr Inhalt auch zu gewichten ist, spricht dafür, daß er sich während eines Entscheidungsprozesses von spontanen Emotionen beeinflussen lassen konnte: „Doch ich glaube, es war vor allem des Ministers Auto, das mich endgültig betörte! Als ich, zur Besprechung in Paris … eingeladen, auf dem Flughafen Orly landete, wurde ich mit seiner DS-Limousine abgeholt, und der Chauffeur zeigte während der Fahrt auf einen Vorrat von Tonkassetten und fragte, was ich zu hören wünschte … Ich fuhr also unter Mozartklängen zum Ministerium und sagte mir: ‚Mit einem Mann, der so ein Musiknarr ist, daß er sogar in seinem Wagen Stereophonie und dazu eine so erlesene Auswahl von Aufnahmen parat hat, muß es sich arbeiten lassen'".

Liebermann schafft sich seine Arbeitsbedingungen selbst

Rolf Liebermann nahm seine Arbeit nach seinen eigenen Plänen in Angriff. Da die „Kulturrevolution" mit dem Engagement eines Ausländers schon einmal begonnen hatte, führte er sie mit Nachdruck fort. Mit Vollmachten versehen, die er sich wie kein Intendant vor ihm mit Geschick ausgehandelt hatte, und mit einem Budget von umgerechnet 80 Millionen DM krempelte er die alte Ordnung in drei Monaten Vorstellungspause bis zur Wiedereröffnung des Hauses total um. Er begann mit der technischen Seite, für ihn die Basis, ohne die die Oper als Produktionsstätte für Gesangstheater überhaupt nicht funktionieren kann. Da waren die Werkstätten, die sogenannten „Atéliers Bertier", in einem denkmalgeschützten Haus, das seit seinem Bestehen vor 98 Jahren nicht wieder renoviert worden war. Er ließ dort Aufenthaltsräume, Garderoben, Duschen, Toiletten und Lifts einbauen, eine Heizung installieren sowie eine Kantine eröffnen. Alle Dekorationen und Prospekte sollten in Zukunft im Haus gemalt werden, um unnötig hohe Summen für auswärts angefertigte Bilder zu vermeiden. Er plante eine hauseigene Herrenschneiderei, damit auch die männlichen Darsteller genau wie die Damen anstatt von teuren Ateliers der „Haut-Couture" im Hause eingekleidet werden konnten. Die Bühnentechnik wurde ebenso auf den Standard des

20. Jahrhunderts gebracht, die Bühne mit 25 elektronischen Hängern ausgestattet, es wurden Walkie-Talkies zur weitreichenden Verständigung verteilt und zusätzliche Scheinwerfer installiert. Das gesamte Personal einschließlich der künstlerischen Mitarbeiter erhielt neue Verträge zu Liebermanns Bedingungen. Das ständige Orchester wurde aufgelöst, 145 statt bisher 105 Musiker erhielten Exklusivverträge für Proben und Aufführungen fest vereinbarter Opern. So begegnete Liebermann dem alten Mißstand, daß die Besetzung des Orchesters am Abend dem Zufall überlassen blieb und in den Vorstellungen Musiker spielten, die in den Proben gar nicht dabei waren. Auch den Chor, der sich aus Protest gegen die von der Regierung gebotenen Arbeitsbedingungen selbst aufgelöst hatte, konnte er mit kritisch ausgewählten Sängern neu aufbauen.

Der aus 150 Tänzern bestehenden Ballettruppe widmete er sich mit Sorgfalt, seinem hohen Ansehen beim Volk von „Ballettomanen" sowie der langen historischen Tradition Rechnung tragend. Ein festes Ensemble von Sängern wollte er nicht aufbauen. Vielmehr sollten die besten Künstler der Welt von Stück zu Stück zu einem Superensemble auf Zeit zusammen engagiert werden und unter Top-Regisseuren arbeiten. Auf diese Weise könne ein Repertoire auf höchstem künstlerischem Niveau entstehen, in dem auch nicht mehr wie bisher französische Opern dominieren sollten.

Nur zwölf junge, hochtalentierte französische Sänger blieben fest ans Haus gebunden. Unter ihnen war Christina Eda-Pierre, die „beste Konstanze, die es zur Zeit gab", für die Liebermann sogar Mozarts „Entführung aus dem Serail" auf den Spielplan setzte. Georg Solti, bisher Direktor der Londoner Königlichen Oper Covent Garden, übernahm die Leitung des Orchestre de Paris und wurde Liebermanns musikalischer Berater. Louis Erlo sollte die Opéra Comique führen, die als Zentrum der Moderne, als Uraufführungstheater, vorgesehen war. Allerdings wurde die Opéra Comique auf Anordnung des damaligen Finanzministers Giscard d'Estaing erst einmal geschlossen, weil nicht zwei Bühnen gleichzeitig finanziert werden sollten.

Es ist unschwer zu erkennen, daß die Situation in Paris den Voraussetzungen, die Rolf Liebermann in Hamburg vorgefunden hatte, diametral entgegenstand. Liebermann war aber flexibel genug und hatte auch seine jugendliche Neugier noch nicht verloren, ein der Lage entsprechendes Konzept zu entwickeln. Ohne ein gewachsenes Repertoire, ohne ein hochqualifiziertes festes Ensemble – damals die Basis für seine Hamburger Arbeit – mußte er in Paris bei der Entwicklung eines Spielplans ganz anders vorgehen. Die Grand Opéra brauchte zuerst einmal ein Repertoire von Opern der großen internationalen Tradition als Fundament. Liebermann sprach von einem „Museum", das auf höchstem künstlerischem Niveau eingerichtet werden mußte. Vorher konnte er nicht an ein zeitgenössisches Musiktheater denken. Seine Arbeit an der Hamburger Oper vor Augen, sagte er von sich schmunzelnd: „In Hamburg galt ich als ein Abenteurer, in Paris bin ich zum Reaktionär geworden."

Arbeit an zwei Fronten

Am Beginn seiner Arbeit taten sich zwei Fronten auf, mit denen er nicht gerechnet hatte. Da waren einmal die französischen Gewerkschaften, die ihn gleich zu Anfang erbarmungslos herausforderten. Die Bühnenarbeitergewerkschaft in der kommunistischen CGT kritisierte seine „systematische Star-Politik" und warf ihm „mangelnden Realismus" vor. Liebermann kannte auch die dortigen Gewerkschaftsbestimmungen nicht, hatte weder Erfahrungen mit dem Arbeitsrecht noch mit Tarifverträgen und schon gar nicht mit den Hierarchien. Da er aus Deutschland gewohnt war, daß der Deutsche Bühnenverein sowie die Verwaltungen der Städte und Länder Gesprächspartner der Gewerkschaften waren und daß getroffene Vereinbarungen für alle Bühnen der Bundesrepublik bindend waren, geriet er schutzlos in den an der Grand Opéra stattfindenden Kampf. Hartnäckig hielten die Mitarbeiter an den Buchstaben ihrer Arbeitsverträge fest. „Stunden werden hier mit der Diskussion irgendeines Arbeitsparagraphen verloren. Das ist einmalig auf der Welt", resümierte Liebermann. Es kam zu Streiks des technischen Personals, so daß Vorstellungen ohne Kulissen oder mit nur einem einzigen Bühnenbild gegeben werden mußten. Verärgert war nicht nur Rolf Liebermann, als im Jahre 1976 nach gescheiterten Verhandlungen kurzfristig die Premiere der „Entführung aus dem Serail" ausfallen mußte, ein Geschenk Valéry Giscard d'Estaings für „tausendfünfhundert verdiente Franzosen aus allen Schichten", die aus den verschiedensten Richtungen angereist kamen und die noch nicht einmal rechtzeitig benachrichtigt werden konnten.

Der Streik acht Tage vor der Gala-Eröffnungsaufführung von „Figaros Hochzeit" am 30. März 1973, mit dem das technische Personal höhere Löhne wegen der Verlegung der Vorstellung ins Théâtre Gabriel im Versailler Schloß erstritt, konnte gerade noch abgewendet werden. Die Art des Verhandelns zwischen den Gewerkschaften und der Verwaltungsdirektion unter Einschalten des Finanzministers, das Taktieren zwischen anerkannten Forderungen und unnachgiebiger Haltung der Aufsichtsbehörde ließ in Liebermann den Verdacht aufkommen, daß es zwischen den Parteien eine Übereinkunft geben mußte. Wilde Streiks des verärgerten Personals sorgen dann dafür, daß das ganze von vorn beginnen konnte.

Die zweite Front, die eine reibungslose Arbeit erschwerte, sah er von der für die Oper zuständigen Finanzbehörde errichtet. Da hatte sich Liebermann einen Etat ausgehandelt, mit dem es sich arbeiten ließ, aber im einzelnen gab es einen schwerfälligen Modus seiner Handhabung. Auch nur einen kleinen fehlenden Gegenstand während einer Probe spontan zu beschaffen war unmöglich. Als Liebermann in einer Szene des „Figaro" noch schnell einen Kamm auf der Frisierkommode deponieren wollte, wurde er folgendermaßen belehrt: „Zunächst müsse ich einen Antrag auf Kostenbewilligung einreichen, um nach Unterschrift des Finanzdirektors der Oper und Prüfung durch den Staatlichen Finanzkontrolleur, der das Amtssiegel aufzudrücken hätte, den Einkaufsgutschein zu erhalten, der mich dann berechtigen würde, einen Kamm zu erwerben ... ‚Klappt das wenigstens bis heute abend?' unterbrach ich. ‚Keinesfalls, da müssen Sie mit mindestens zehn Tagen rechnen.' Ich zog es vor, den Kamm aus eigener Tasche zu bezahlen. Er kostete 18,50 Francs."

Auf der anderen Seite erlebte er ganz andere Überraschungen. Der Technische Direktor Josef Svoboda behielt im größten Durcheinander die Nerven, besorgte oder mietete per Telefon und wenn nötig per Flugzeug auch das noch, für das der Finanzkontrolleur noch nicht unterschrieben hatte. Das gehörte zu dem „ungewohnt legeren, geistvoll-witzigen, manchmal aber auch boshaften Pariser Leben", das er als „der biedere Zürcher mit schwerfälligem Ernst und Sinn für mathematische Präzision kennen- und schätzen lernte".

Zum Spielplan

Rolf Liebermann hatte die großen Opern von Mozart, Wagner, Verdi, Puccini, um die wichtigsten zu nennen, sowie französische Meisterwerke wie „Carmen" und „Faust" in glanzvollen Inszenierungen auf die Bühne gebracht, als er im Jahre 1974 auch die Leitung der durch Präsident Giscard d'Estaing wiedereröffneten Opéra Comique übernahm, ab jetzt als Administrateur Général. Damit stand ihm ein Raum für experimentelle Aufführungen zur Verfügung. Endlich ergab sich die Möglichkeit, dem Pariser Publikum zeitgenössisches Musiktheater anzubieten. Der Aufbau eines konventionellen Opernrepertoires war erfolgreich eingeleitet und wurde im Haupthaus, dem Palais Garnier, fortgesetzt. Liebermann war für sein neues Vorhaben nicht nur dadurch ermutigt, daß er sich mittlerweile vom Pariser Publikum akzeptiert sah. Die nationalistischen Anfeindungen waren verstummt. Die Besucher fragten nicht mehr, woher die Sänger kommen. Vielmehr entwickelten sie ihren Anspruch an ein künstlerisches Niveau, für das der Intendant zu sorgen hatte. Die Vorstellungen waren immer ausverkauft, sogar die Plätze mit starker Sichtbehinderung, die früher gar nicht verkauft wurden, brachten Geld ein. So konnte Liebermann mit einer bis zu 125prozentigen Platzausnutzung verblüffen. „Wenn Schönberg erlebt hätte, daß die Premieren-Abendkasse von ‚Moses und Aron' eine Einnahme von 141 000 Franken aufweisen konnte! Das ist hier in diesem Hause einfach unglaublich und hat auf mich einen tiefen Eindruck gemacht. In einem Haus, wo zuvor außer ‚Carmen', ‚Faust' und ‚Rigoletto' kaum etwas anderes gespielt wurde!", verkündete er schon 1973 im Fernsehen – und genoß den Champagner aus der gewonnenen Wette mit einem Redakteur des SPIEGEL, daß „Moses und Aron", der „größte Geschäftserfolg der Saison" würde. Liebermann hatte allerdings etwas nachgeholfen. Entgegen seinen sonstigen Prinzipien hatte er sich, um den „Schock abzuschwächen", für eine Aufführung in französischer Übersetzung entschieden. Außerdem hatte er vorher einen „Tag der offenen Tür" angeboten, an dem man sich über das Werk und die Aufführung informieren konnte. Leider waren solche Veranstaltungen, durch die ein enger Kontakt zum Publikum hergestellt wird, nicht weiterhin möglich, da die Bühnenarbeitergewerkschaft und die Requisiteure diese „Mehrarbeit" verweigerten. Aber es hatte sich erwiesen, daß es in Paris durchaus ein intellektuelles Publikum gab, das auf ein Angebot moderner Stücke wißbegierig wartete, wenn auch das hier „Moderne" anderswo längst als moderne Klassik eingestuft wurde. Schließlich war Schönbergs Oper schon 40 Jahre alt.

Am 24. Februar 1979 konnte Rolf Liebermann einen weiteren besonderen Erfolg feiern. Er war der erste Intendant, dem es gelungen ist, Alban Bergs unvollendet gebliebene Oper „Lulu" in der von Friedrich Cerha vollendeten Fassung aufzuführen. 42 Jahre nach der Uraufführung des unvollendet gebliebenen Werkes war das möglich geworden, da sich die UNIVERSAL EDITION, mit der Alban Berg einen Vertrag über eine dreiaktige Oper und einen Klavierauszug des noch zu orchestrierenden dritten Aktes geschlossen hatte, über das Testament der Witwe Helene Berg hinwegsetzte und die Aufführung der Oper in der vom Komponisten konzipierten dreiaktigen Gestalt genehmigte. Helene Berg hatte das Ausorchestrieren des dritten Aktes verboten. Für Rolf Liebermann war ein Wunschtraum in Erfüllung gegangen, die musikalische Welt sprach von einer Sensation.

Die Musikprominenz aus aller Welt hatte sich zu dieser Gala-Premiere in Paris eingefunden, der prominenteste Besucher aus Deutschland war Bundeskanzler Helmut Schmidt. Er war nach dem deutsch-französischen Gipfeltreffen extra einen Tag länger in Paris geblieben, um Liebermanns „Lulu"-Premiere an der Opéra mitzuerleben. Musikalische Anlässe führten ihn mit Rolf Liebermann häufiger zusammen, zu dieser Zeit arbeiteten sie beide gerade in der Jury für den Wettbewerb um das geplante Brahmsdenkmal in Hamburg mit. Für Liebermann war nun der Zeitpunkt gekommen, daß er auch in Paris sein Anliegen verwirklichen und das Publikum mit Musik der Gegenwart konfrontieren konnte. Er fand sogar für Mauricio Kagel, Karlheinz Stockhausen, György Ligeti und Edgar Varèse eine interessierte Zuhörerschaft.

Das „Wunder in Paris"

Rolf Liebermann hatte seine Arbeit in Paris trotz des Lärms von außen still und ohne Chef-Allüren begonnen. Um gründlich an die neue Sache heranzugehen, hat er erst einmal die französische Geschichte studiert. Er wollte auf diese Weise die Mentalität der

Der Administrateur de l'Opéra de Paris Rolf
Liebermann vor dem Palais Garnier, dem großen
Opernhaus in Paris

Menschen kennenlernen, mit denen er an diesem Ort zu tun hatte. Aber die Oper und ihr Betrieb mußten erst mühsam erobert werden. Niemand ließ sich in seinen Gewohnheiten stören. Die „Haut-Couture" ging weiter in gewohnter Weise ein und aus. Rolf Liebermann hatte immer das Gefühl, daß irgend etwas im Opernhaus hinter seinem Rücken und ohne sein Wissen verhandelt wurde. Mitunter spielte er sogar Lauscher an der Wand hinter verschlossenen Türen, um zu erfahren, was da vor sich geht. Der Belegschaft wollte er ein Patron werden. Er träumte von dem väterlich-freundschaftlichen Verhältnis zu den Mitarbeitern, das er in Hamburg erreicht hatte, mußte aber erfahren, daß in Frankreich die Gegensätze zwischen Leitung und Angestellten, auch zwischen Gewerkschaften und Macht, gespannt und politisiert waren. Er wollte nicht hinnehmbare Gewohnheiten überwinden und vor allem einen verläßlichen Arbeitsrhythmus schaffen. Es sollte nicht länger Zufall bleiben, wann eine Premiere herauskommt, wann gespielt wird, wann das Haus geschlossen bleibt.

Schließlich hat er mit seiner ungezwungen Art, wie einige Mitarbeiter äußerten, in Paris „Wunder" bewirkt. Ein Souffleur meinte, Liebermann sei ein toller Kerl. Er sprühe vor Einfällen und poche niemals auf seinen Rang. Die meisten von ihnen würden für ihn durchs Feuer gehen. Er habe erreicht, daß in diesem Haus wieder gute Stimmung herrsche. So konnte sogar am Karfreitag des Jahres 1973 die „Parsifal"-Premiere stattfinden. An so einem hohen Feiertag war das wohl nur aufgrund dieses Vertrauensverhältnis möglich geworden. Trotzdem faßte Liebermann in einem seiner immer irgendwie zutreffenden Bonmots zusammen: In Hamburg habe er Abend für Abend in der ersten Reihe rechts auf Platz 3 gesessen – und alles parierte. In Paris säße er alle Abende in der Stammplatzloge Nr. 32 – aber es pariert keiner!

Liebermann hatte auch den Mut, sich Erwartungen zu verweigern. Am 5. Januar 1975, dem 100. Jahrestag der Einweihung des heutigen Gebäudes durch den ersten Präsidenten der Dritten Republik, Marshall MacMahon, rechneten nicht wenige aus Finanz und Politik mit einer aufwendigen offiziellen Gala. Doch Rolf Liebermann entschied anders. Der Tag sollte seinen 1200 Mitarbeitern und deren Familien gehören, ein Sonntag ohne Auf- und Umbauten, Einkleide- und Maskenarbeiten, ohne technische Einsätze. Nur eine moderne Kinoanlage brauche er im Opernsaal, beruhigte er seine Mitarbeiter, und zwar für die Vorführung des berühmten Burleskfilms der Marx Brothers „A Night in the Opera". Auch wenn sich Marshall MacMahon im Grabe umdrehen sollte, „wir werden uns trotzdem gut amüsieren", verkündete Liebermann, noch bevor Widerstände laut werden konnten.

Eröffnung und Abschied mit dem „Figaro"

Mit der Eröffnung der Pariser Oper am 30. März 1973 führte sich Rolf Liebermann wahrlich königlich ein. Die Galavorstellung von Mozarts „Hochzeit des Figaro" verlegte er, auch unter dem Damoklesschwert eines Streiks, in das Théâtre Gabriel im Schloß von Versailles. Aber nicht genug mit der höchst anspruchsvollen Inszenierung von Giorgio Strehler unter der musikalischen Leitung von Georg Solti, Liebermann hat sich, wie Charlotte Kerr in der Süddeutschen Zeitung schrieb, mit einem „richtigen Hoffest" in die Pariser Gesellschaft eingeführt. „Mit Mozart-Musik in den Pausen, der Organist der Chapelle Royale spielte auf der Orgel, Champagner, Büfetts von Maxim. Und dazu den ‚Figaro' in einer herrlich revolutionären, sozialkritischen Aufführung von Strehler – diese Kombination ist natürlich reizvoll!"

Liebermann hatte seine Lektion Geschichte gelernt, die er sich mit der Zusage an Paris, zwei Jahre vor Amtsantritt, selbst verordnet hatte, und er hat das Gelernte mit Einfühlungsvermögen und Geschick verwertet. Er hat gelernt, wie sehr die Franzosen in ihrer Geschichte wurzeln und was Traditionen für sie bedeuten. „Die französische Gesellschaft ist ungebrochen in ihrem Selbstbewußtsein, sie schämt sich weder ihres Geldes noch ihres Standes. Sie spielt noch eine wirkliche Rolle und spielt sie mit Lust. Aber wenn dic Vergangenheit so lebendig ist, ist es die Gegenwart natürlich weniger oder vue par le passé. Ausdruck dieser Mentalität ist dieser prunkvolle Bau mit seinen immensen Gesellschaftsräumen und der totalen Vernachlässigung der Produktionsseite."

Die Mozart-Oper ist während Liebermanns gesamter Zeit in Paris auf dem Spielplan geblieben, übrigens mit einer Besucherfrequenz von 110 Prozent. So war es angemessen, sich mit dem „Figaro" auch zu verabschieden. Nach einer schweren Zeit der Suche nach Akzeptanz in Paris hat er in dem bis zum Schluß immer wieder Überraschungen bereithaltenden „Pariser Leben" zum Abschied doch noch seine Bestätigung gefunden. Die Mittagsvorstellung des „Figaro" fand am Nationalfeiertag der Franzosen, am

14. Juli 1980, im Palais Garnier mit traditionsgemäß freiem Eintritt statt. Die Inszenierung war ebenfalls gleich geblieben, sogar die Premieren-Starbesetzung kam zu diesem Anlaß noch einmal fast vollständig zustande. Es war eine beachtenswerte Geste der Sänger, daß sie alle ohne Gage sangen als Abschiedsgeschenk für Rolf Liebermann und für sein Publikum. Noch ungewöhnlicher war in Anbetracht der anfänglichen Reserve dem Ausländer Liebermann gegenüber, wie ihn das üppig zahlende Publikum am Abend verabschiedete. In den Schlußapplaus hinein skandierte der ganze Saal Lie-ber-mann laut und anhaltend, als sei ein Fanklub versammelt. Was für ein Triumph für den „Teutonen“, „Berserker“ und „Germanen“, den man erst gar nicht hineinlassen wollte!

Hamburgische Staatsoper 1985–1988

Es war nicht das erste Mal, daß Rolf Liebermann als Retter in der Not nach Hamburg gerufen wurde. Im Dezember 1970 hatte ihn schon einmal ein Hilferuf ereilt, und damals übernahm er gemeinsam mit Herbert Paris übergangsweise Intendanz und Geschäftsführung des Deutschen Schauspielhauses – parallel zur Staatsoper. Der Herbst 1984 brachte wieder einmal eine schwierige Situation. Seit mindestens drei Jahren hatte es am Opernhaus gekriselt. Der Intendant Christoph von Dohnányi und Staatsoperndirektor Rolf Mares fanden zu keiner vertrauensvollen Zusammenarbeit, die Belegschaft war über den Führungsstil des Intendanten unglücklich. „Im Haus herrscht Krisenstimmung in allen Gruppen, und ich sitze dazwischen", rief Rolf Mares verzweifelt. Damals machte Dr. Kurt A. Körber den Vorschlag: Holt Rolf Liebermann als Interimsintendanten! Dohnányi blieb dann aber noch bis 1985, der nächste Intendant Kurt Horres warf jedoch nach nur zwei Monaten das Handtuch.

Schon nach seiner ersten Intendantenzeit in Hamburg hatte Liebermann als Intendant eigentlich aufhören wollen. 1980, als er die Leitung der Pariser Oper abgab, sollte endgültig damit Schluß sein, Kunst zu organisieren, er wollte wieder selbst Kunst machen. Nun hatte er sich doch wieder erweichen lassen, trat noch einmal als „Krisenmanager" an. Im Februar 1985 übernahm er interimsweise die Staatsoper, bis ein geeigneter Nachfolger gefunden war. Bis zum Ende der Spielzeit 1987/88 wollte er aber mindestens bleiben. Hatte er doch insgeheim auf diesen Ruf gewartet? Da gab es schon im März 1982 gegenüber dem Hamburger Abendblatt eine sibyllinische Antwort von ihm auf die Frage: „Wenn Sie nun zum Telefon greifen müßten: welchen ‚Kanditaten' für Hamburg würden Sie als ersten anrufen?" Liebermann: „Erst einmal würde ich lange nachdenken und dann mich anrufen." Welches der seiner Meinung nach der am besten geeignete neue Mann wäre? Ein Musiker, ein Dirigent, ein Regisseur?, wußte er zu beantworten: „Einer, der gar nichts tut – außer, daß er Intendant ist. Das könnte auch ein Musiker sein." Für den Zustand eines Opernhauses machte er ausschließlich den Intendanten verantwortlich. „Es gibt Intendanten, die sind Totengräber des Theaters, weil sie einen Tag in San Francisco, am nächsten in New York, am dritten in Mailand sind und ihr Theater von Dramaturgen oder von Sekretärinnen geführt wird. Sie ziehen von einer Regie zur anderen, haben nur ihre eigene Karriere im Auge und lassen ihr Haus auf den Hund kommen. Das trifft selbstverständlich auch auf dirigierende Theaterleiter und Generalmusikdirektoren zu."

Aber Rolf Liebermann wußte auch um die speziell der Hamburgischen Staatsoper eigene Schwierigkeit in bezug auf die Leitung des Hauses – die Regelung mit den zwei Vorständen. Seine drei Nachfolger seit 1973 – August Everding, Christoph von Dohnányi und Kurt Horres – sind mit der Struktur, nach der der Staatsoperndirektor dem Intendanten gleichberechtigt an die Seite gestellt ist, nicht zurechtgekommen. Da war Rolf Liebermann mit seiner Art, mit dem ihm gleichgeordneten Direktor umzugehen, geschickter und erfolgreicher.

Bevor Liebermann im Alter von 74 Jahren noch einmal die Leitung der Hamburger Oper übernahm, war er längst noch nicht im Ruhestand. In der UNIVERSAL EDITION Wien arbeitete er, der Freundschaft mit seinem Verleger Alfred Schlee verpflichtet, bei der Neustrukturierung des Verlages mit. Die Professur für Musiktheater an der Hochschule „Mozarteum" in Salzburg war für ihn eine Aufgabe, die seinen pädagogischen Ambitionen mit dem Ziel neuer künstlerischer und kulturpolitischer Weichenstellungen entgegenkam. Gleichzeitig hatte er bis 1987 die Leitung der Internationalen Sommerakademie am „Mozarteum" inne. Für das „Jahr der Musik 1985" war er als Vizepräsident des Europäischen Komitees tätig, beim Mozart-Wettbewerb für Violine, Kla-

Rolf Liebermann bespricht mit den Handwerkern
der Staatsoper die Realisierung eines neuen
Bühnenbildes. Im weißen Hemd rechts neben ihm
Klaus Uffenwasser, der Technische Direktor

vier und Gesang Ende Januar 1985 als Präsident der Jury. Außerdem arbeitete er an seiner eigenen neuen Oper „La Forêt", deren Uraufführungstermin, der 7. April 1987 in Genf, mit Jeffrey Tate lange feststand. Alles war er bereit, zugunsten der Arbeit in Hamburg zurückzustellen, nicht aber seine Oper. Dann müsse er eben seine Arbeitszeit äußerst knapp kalkulieren, und das könnte so aussehen: „9–12 Uhr Oper, Mittagspause, eine halbe Stunde Schlaf, halb vier bis sieben Uhr komponieren, halb acht in die Vorstellung."

Pläne und ihre Realisation

Liebermann wäre nicht Liebermann gewesen, wenn er nicht mit seiner neuen Aufgabe auch gleich neue Zukunftsperspektiven entwickelt hätte. Ihm schwebte ein Theatermodell des 21. Jahrhunderts vor, das der sozialen und soziologischen Situation entspricht und die Strukturen des 19. und 20. Jahrhunderts über Bord wirft. Zwei Dinge lagen ihm dabei am Herzen: Erstens müsse das Gerede von zu hohen Subventionen für die Oper aufhören. Die Politiker müßten begreifen, daß die Staatsoper nicht nur Prestige-Objekt, sondern daß Kunst insgesamt eine Notwendigkeit ist. Zweitens wollte er für die Demokratisierung der Oper „noch einmal auf die Barrikaden gehen ... Unter den heutigen sozialen Gegebenheiten ist das Theater jedermann zugänglich, daher müßten auch die Eintrittspreise für jeden erschwinglich sein. Paradoxerweise läuft es ganz anders. Die Demokratie finanziert die Oper, aber nur die wohlhabende Minorität der Bürger kann sich den Kunstgenuß kaufen. Bisher hat das noch keine Partei für unmoralisch gehalten. "

Wichtig war zunächst die finanzielle Absicherung seiner Vorhaben. Seine Überlegungen reichten von öffentlichen Zuwendungen, Mitteln von Sponsoren und Stiftungen, Zusammenarbeit mit Fernsehanstalten bis hin zu Koproduktionen mit anderen Opernhäusern, neuen Strukturen im Abonnementswesen und zum „Verkauf" namentlich gezeichneter Plätze mit dem Anreiz eines Statussymbols. Es begann an der Theaterkasse mit einer Umschichtung in den Preisgruppen. Nach seiner Devise „Die Kultur ist kein Geschenk der Regierung, sondern ein Recht des Volkes" ließ er die Plätze des dritten und vierten Ranges für 8.– bzw. 4.– DM verkaufen, auch für Premieren. Einnahmeverluste wurden durch erhöhte Premierenpreise für die anderen Plätze bis zu 180.– DM wettgemacht, durch noch mehr Vorstellungen und durch die Einrichtung neuer Abonnementsreihen. Die nach dem Wegfall der Montagsaufführungen als Ausgleich angebotenen zusätzlichen Nachmittagsvorstellungen am Wochenende wurden sehr beliebt und auch als Abonnementreihe angenommen.

Für den Opernbetrieb hat Rolf Liebermann unter dem Motto „Wenn man einspringt, kann man auch fordern" zwei Projekte durchgesetzt: erstens die Reparatur der seit 1980 defekten Bühnen-Obermaschinerie, zweitens die Bereitstellung einer Probebühne bei den Werkstätten am Schlicksweg in den originalen Maßen des Großen Hauses, was Einsparungen an Probezeiten und Transportkosten für Dekorationen bedeutete.

Das junge Ensemble

Waren die technischen Probleme der Oper relativ schnell gelöst, so bedrückte ihn nachhaltiger, daß von seiner damaligen Arbeit am Ensemble nichts mehr übriggeblieben war. Der Verfall der Ensemble-Idee hatte sich fortgesetzt, und in der Folge war es zu einer Entwicklung gekommen, durch die sich Sänger in zwei Klassen unterteilt wiederfanden: auf der einen Seite die von Metropole zu Metropole gereichten Jet-set-Sänger, die, mit hohen Gagen bedacht, den Opernhäusern Glanz und Image einbrachten, auf der anderen Seite die in einem Ensemble verbliebenen Sänger, die mit dem Makel geringerer Qualität behaftet wurden. Liebermann hatte bei seinem zweiten Amtsantritt ein hauseigenes Ensemble mit nur noch wenigen großen Namen, mit denen auch in der Not keine vollständigen Aufführungen in höchster künstlerischer Qualität bestritten werden konnten. Vielmehr war er auf die Bedingungen angewiesen, die Weltstars ihm stellten. Da die großen Stars nach den Gagen der Metropolitan Opera in New York bezahlt wurden, dazu der hohe Dollarkurs (1985) die Summen in die Höhe trieb, hatte er mitunter das Gefühl, erpreßt zu werden. Nicht selten flogen die „Kehlkopfkönige" mit der gleichen Rolle zu unterschiedlichen Inszenierungen von Opernhaus zu Opernhaus. Ohne viel an Proben teilgenommen zu haben, arrangierten sie sich dann während der Aufführung in für sie ungewohnten Situationen mehr oder weniger, je nach gutem Willen und Vermögen. Diesem Übel wollte er etwas entgegensetzen, und hier kamen ihm seine Erfahrungen und Verbindungen als Leiter der Internationalen Sommerakademie „Mozarteum" in Salzburg zugute. Er wählte zusammen mit der Sopranistin Elisabeth Schwarzkopf junge Sängerinnen und Sänger aus und holte sie mitsamt ihrer „Figaro"-Aufführung, einer Ustinov-Inszenierung unter der Leitung von Gary Bertini, die sie parallel zur Salzburger Festwochen-Aufführung einstudiert und aufgeführt hatten, nach Hamburg. Sowohl die „Stiftung zur Förderung der Hamburgischen Staatsoper" als auch die „Stiftung zur Förderung der Studierenden der Salzburger Sommerakademie" stellten Gelder zur Verfügung, mit denen Liebermann die jungen Künstler für ein Jahr in Hamburg verpflichten und in laufende Produktionen eingliedern konnte. Er wollte dieses junge Ensemble langsam aufbauen, mit eingestandenen „Vatergefühlen" und jeden Einsatz eines Sängers überwachen, „damit nichts kaputtgeht". Sängerisch betreut hat die jungen Künstler Elisabeth Schwarzkopf selbst, einmal im Monat kam sie für 48 Stunden nach Hamburg, „um ihre Schützlinge zu kontrollieren". Liebermann sah diese Arbeit als ein Modell, sowohl die Nachwuchs- als auch die Ensemblepflege in den Griff zu bekommen. „Ich bin sehr glücklich, weil die Idee stimmt", sagte er im August 1986 der „Presse" in Wien, „weil sie meinen pädagogischen und philosophischen Überlegungen adäquat ist: jungen Sängern den Weg zu bahnen von der Hochschule in ihr erstes Engagement." Neun Sänger des jungen Ensembles wurden 1988 von seinen Nachfolgern Peter Ruzicka und Gerd Albrecht übernommen, die anderen hatten bereits Verträge von kleineren Opernhäusern erhalten.

Künstlerische Aktivitäten

Liebermann wußte, daß seine Zusage große Erwartungen geweckt hatte, obwohl er die von Kurt Horres noch eingeleiteten künstlerischen Planungen einhalten mußte und Freiräume für eigene Gestaltung ihm nur für seine letzte Spielzeit 1987/88 blieben. Der Eröffnungsabend war gleich ein Experiment, mit dem er in das neue Opernmedienzeitalter starten wollte. Er ließ Verdis „Otello" mit Placido Domingo von der Staatsoper auf eine 100 Quadratmeter große Leinwand in das ein Kilometer entfernte Hamburger Congress-Centrum (CCH) übertragen, so daß über 3000 Opernfreunde kostenlos an der Vorstellung teilhaben konnten. Der Applaus war groß, als nach dem zweiten Akt Placido Domingo und Sherill Milnes, der den Jago sang, zur Begrüßung ins CCH kamen. Als dann eine Panne geschah, das Bild ausfiel und nur noch die Musik zu hören war, blieben zu Liebermanns Freude immerhin zwei Drittel der Besucher weiter sitzen, waren auch „nur" von der Musik genug beeindruckt.
Nach dem „Pflichtprogramm", an das er gebunden war, bereitete er sich und seinem Publikum in seiner letzten Spielzeit eine vielseitige „Kür". Da gab es die Ballett-Uraufführung von „Über Ionesco: Hamburger Impromptu/Die Stühle" in der Choreographie von Maurice Béjart. Die Uraufführung der Kammeroper „Der Garten" von Josef Tal in der Opera stabile dirigierte Irmgard Schleier, die Gründerin und Leiterin des „Festivals der Frauen", womit er die Oper von seinem neuen, über seine Intendantentätigkeit hinaus fortbestehenden künstlerischen Engagement profitieren ließ. Der künstlerische Höhepunkt dieser Spielzeit war Richard Wagners „Tristan und Isolde" in der Inszenierung von Ruth Berghaus. Diese Arbeit war selbst für Opernkenner keine leichte Kost und gab Anlaß zu heftigen Diskussionen.

Künstlerischer Höhepunkt in Rolf Liebermanns
letzter Spielzeit an der Hamburgischen Staatsoper
war „Tristan und Isolde" von Richard Wagner in
der Inszenierung von Ruth Berghaus, Premiere
13. März 1988. Szene aus dem 2. Akt mit Gabriele
Schnaut (Isolde) und William Johns (Tristan)

Aber es gab auch einen absoluten Tiefstpunkt in Liebermanns zweiter Intendanz. Gebunden an die Spielregeln eines Theaters zur Fehlentscheidung verdammt, mußte er im Dezember 1986 die „Kriminaltragödie" geschehen lassen: Es sollte eine unkonventionelle „Rigoletto"-Inszenierung werden, interessant und mit Sicherheit meisterhaft, da von Johannes Schaaf entwickelt. Doch der Star-Bariton Leo Nucci aus Italien konnte es „mit seinem Gewissen nicht vereinbaren", nach den Anweisungen des Regisseurs zu agieren. Kein noch so großes Überredungsmanöver schaffte es, den Sänger umzustimmen, eine große Herausforderung für den Intendanten Liebermann. „Zu den Aufgaben und Verpflichtungen der Geschäftsleitung gehört es, in außergewöhnlichen Situationen den möglichen Schaden für ein Haus zu begrenzen oder abzuwenden", so hörte sich Liebermanns Erklärung für seinen Entschluß an, zur Rettung der fünf bereits ausverkauften Vorstellungen die Inszenierung von Johannes Schaaf gegen eine etliche Jahre ältere Inszenierung aus Nürnberg „nach Gilbert Deflo" auszutauschen. Rolf Liebermann hat sich diese Kapitulation vor Sängern nie verziehen und gestand Jahre später: „Ich hätte sie alle rausschmeißen und den Schaaf behalten sollen."

Das war nicht die einzige Situation, in der sich Liebermann gefragt hatte, ob es wohl richtig war, noch einmal nach Hamburg zu kommen. Anfang 1987 mußte er hinnehmen, daß der Aufsichtsrat der Staatsoper, nach seinen Worten ein „in seiner ausgeklügelten Zusammensetzung verlängerter Behördenarm und damit Teil der hamburgischen Filzokratie", die von ihm eingeführten Preise für die vierten und dritten Ränge auf 10.– bzw. 15.– DM erhöhte. Das traf ihn nicht nur, weil er die Tugend verlorengegangen sah, ein zuvor akzeptiertes Programm auch dann zu akzeptieren und mit zu vertreten, wenn man anderer Ansicht ist. Damit wurde auch einer seiner wichtigsten Pläne zunichte gemacht, nämlich die Nachwuchsbildung im Zuschauerraum und im Ensemble gleichzeitig zu fördern.

In dem Zusammenhang machten ihn auch die Reaktionen des jungen Publikums auf die „Don Giovanni"-Inszenierung von Marco Arturo Marelli unter der Leitung von Peter Schreier gleich zu Beginn seiner letzten Spielzeit nachdenklich. Gerade das Publikum des vierten Ranges, dem Liebermann mit den 4.–DM-Eintrittskarten den Kunstgenuß ermöglichen wollte, war offensichtlich überfordert. Obwohl an Buhrufe nach Premieren gewöhnt,

„Tristan und Isolde" in der Inszenierung von
Ruth Berghaus, Szene aus dem 3. Akt mit Gabriele
Schnaut (Isolde) und Hanna Schwarz (Brangäne)

war Liebermann nach der ersten „Giovanni"-Aufführung enttäuscht. Gegenüber der Hamburg-Welle des NDR erklärte er: „Die Leute werden halt verwöhnt an gewissen Orten und verdorben von gewissen Konventionen in bestimmten Städten, wo sie einen langweiligen Abend in wunderschöner Ästhetik ohne Anstrengung über sich ergehen lassen und dafür viele Tausend Schillinge bezahlen. Wir dürfen uns davon nicht beirren lassen und werden weitermachen. Wir müssen immer wieder damit rechnen, daß die paar Idioten brüllen, weil sie irgendwelche andere Vorstellungen haben." Wütende Zuhörer ließen befürchten, er könnte sein Publikum verlieren. Also stellte er sich der Diskussion. Trotz geschickt hergestellter Atmosphäre, in der man aufeinander hätte zugehen können, trotz Liebermanns Entschuldigung an die als „Vollidioten" und „ungebildet" gescholtenen Buhrufer blieb ein fader Nachgeschmack. Es war nicht weit her mit der Bildung des Publikums, und zu der hatte er eigentlich zeitlebens beitragen wollen.

Zu guter Letzt blieb ihm nicht erspart, was er mit am meisten haßte: in einer Provinzposse mitzuspielen. Ein Abschiedsgeschenk an Hamburg nach zwanzig Jahren seiner Tätigkeit sollte sie werden, seine Arbeit an der Planung der künstlerischen Aktivitäten am 800. Hafengeburtstag im Oktober 1987 – „zu meinem eigenen Spaß und ohne Entgeld". Da brachten die Medien plötzlich ein Honorar von 400 000.– DM ins Spiel und legten bei seinem Dementi noch eine unwahre Meldung nach. Das Honorar würde verrechnet mit seiner aufgelaufenen Steuerschuld, die durch das von der damaligen Senatorin für Kultur Helga Schuchardt gegebene, durch den Bundesfinanzminister Gerhard Stoltenberg aber nicht eingelöste Versprechen, wie in seiner ersten Hamburger Zeit nach dem günstigeren Schweizer Steuersatz behandelt zu werden, aufgelaufen war. Ein übler Kompetenzstreit zwischen dem Ersten Bürgermeister Klaus von Dohnanyi und dem neuen Kultursenator Ingo von Münch kam hinzu und bescherte der Idee das Aus. Sein guter Wille hatte keine Gegenliebe gefunden, eisiger Rückzug war die einzig mögliche Reaktion. „Ich werde diese (letzten) dreieinhalb Jahre als einen im hohen Alter begangenen Fehler in meiner Karriere abschreiben", erklärte er gerade zu dem Zeitpunkt, an dem er die Stadt als seine „Heimat" angenommen hatte und sich vorstellen konnte, in Hamburg seinen Lebensabend zu verbringen.

Mit den „Cosmopolitan Greetings", einem Experiment mit Jazz und Zwölftonmusik, verabschiedete sich Rolf Liebermann als Intendant der Hamburgischen Staatsoper.

Abschied von der Oper

Während der Abschiedsfeierlichkeiten von der Staatsoper schienen alle Kümmernisse vergessen zu sein. Ein Tag reichte nicht aus, um Liebermanns Wirken in seiner Vielfalt zu würdigen. Der Startenor Placido Domingo, der seine Weltkarriere dem scheidenden Intendanten verdankt, schenkte ihm eine Galaaufführung der „Cavalleria rusticana" und des „Bajazzo". Seinem „Lache, Bajazzo" war die gleiche Rührung anzumerken wie dem Dankeschön von Liebermann, der Placido Domingo als erstem Sänger überhaupt für die Zusammenarbeit und Treue zum Haus die Urkunde eines Ehrenmitglieds der Hamburgischen Staatsoper überreichte.

Das große Abschieds-Festkonzert einen Tag später, am 3. Juli 1988, in Anwesenheit von Bundespräsident Richard von Weizsäcker, mit 400 geladenen und insgesamt 1500 Gästen aus dem In- und Ausland, aus Kunst, Politik und Wirtschaft, in dem Sängerinnen und Sänger der Staatsoper, der Chor und das Philharmonische Orchester unter der Leitung von Lorin Maazel die 9. Symphonie von Ludwig van Beethoven aufführten, war gleichzeitig

„Cosmopolitan Greetings", Szene mit Carolyn
Carlson, Sheryl Sutton und Lutz Förster

ein Wohltätigkeitskonzert zugunsten des Kinderhilfswerk UNI-
CEF. Die UNICEF-Botschafterin Liv Ullmann konnte einen
Scheck über 40 000.– DM entgegennehmen, worauf Liebermann,
als würde es gar nicht primär um ihn selbst gehen, lauthals ver-
kündete: „Wenn sich noch jemand anschließen möchte von den
Herrschaften – wir nehmen alles!"
Zum opernadäquaten Ausklang fanden sich die Gäste auf der hin-
teren Bühne ein, wo in der prunkvollen Dekoration der „Travia-
ta"-Inszenierung mit Riesenspiegeln und Lüstern die gemütliche
Feier stattfand. In seiner Festrede zur Verabschiedung der beiden
„Rölfe" – Staatsoperndirektor Rolf Mares verließ das Haus zur
gleichen Zeit – machte sich der Intendant des Thalia-Theaters,
Jürgen Flimm, das Anliegen Liebermanns zu eigen und mahnte
den Ersten Bürgermeister Henning Voscherau, die Kultur „nicht
als etwas Überflüssiges und Einzusparendes zu betrachten". August Everding, überwältigt von den Abschiedsfeierlichkeiten,
würdigte Rolf Liebermann, dem er 1973 im Amt des Opernintendanten nachgefolgt war, unter anderem mit den Worten: „Sie, der
von Neugier besessen ist, Sie, der Unmögliches möglich macht,
der sich einen Abgang zaubert, von dem andere als Inhalt für eine
ganze Spielzeit träumen, Sie die Gesellschaft Genießender, diesel-

„Cosmopolitan Greetings", Himmelsleiter und
Todestreppe: Szene mit Carolyn Carlson in der Rolle
der Blues-Sängerin Bessie Smith

be Gesellschaft Ausnutzender, Sie Hofierender und vors Schienbein Tretender, Sie sind ein Unikat!"

Zuvor hatte sich Rolf Liebermann selbst ein Geschenk gemacht. Er hat sich den Traum einer Jazz-Oper erfüllt, in der wie in seinem „Concerto for Jazzband and Symphony Orchestra" aus dem Jahre 1954 Jazz mit Zwölftonmusik konfrontiert wird. Es entstanden die „Cosmopolitan Greetings" – weltumspannende Grüße –, ein Experiment aus neun improvisatorisch durchsetzten Jazzteilen für die Bigband des NDR und Solisten von dem Schweizer Jazzpianisten und Komponisten George Gruntz sowie elf in abwechselnder Folge dagegengesetzten zwölftönigen Knee-Plays, quasi „Intermezzi", im strengen Satz für Streicher der Philharmonie, komponiert und dirigiert von Rolf Liebermann. Statt eines Librettos liegen den „Greetings" Gedichte des amerikanischen Beatpoeten Allen Ginsberg zugrunde. Die Texte wurden interpretiert von Weltstars wie Dee Dee Bridgewater, Sheila Jordan und anderen mehr. Der Regisseur Robert Wilson gestaltete mit der Führung dreier Tänzer-Schauspieler – Carolyn Carlson, Sheryl Sutton und Lutz Förster – geheimnisvolle Bilder der Erinnerung an das Leben der farbigen Bluessängerin Bessie Smith. Sie starb im Jahre 1937 nach einem Autounfall, nachdem ein Krankenhaus in Mississippi sie als farbige Patientin nicht aufgenommen hat.

Die Uraufführung am 11. Juni 1988 im Kulturzentrum der alten Kampnagelfabrik in der Halle 6 vor illustrem, internationalem Publikum wurde zu einem Ereignis. Auch die folgenden 19 Aufführungen fanden regen Zulauf. Einladungen kamen aus Frankfurt und Berlin sowie aus New York, Paris, Tokio und Mailand. Nach den vorangegangenen niederschmetternden Erfahrungen hatte Liebermann vorübergehend den Eindruck, es gäbe doch ein neues, offenes, kritisches Publikum. Spätestens zwei Jahre danach mußte er sich aber trotzdem eingestehen: „Das Publikum ist intolerant geworden. Der Wunsch, die eigene Denkfähigkeit, die eigene Intelligenz auszuschalten, der Mangel an Bildung führen dazu, daß heute das Kulinarische, das Unproblematische vorrangig ist."

Neues Glück und neue „Bühne"

Seine erste Ehe mit Gioconda war im Oktober 1978 geschieden worden. Den offiziellen Bruch hatte Liebermann, wie damals den Beginn auf dem Standesamt, hinausgezögert, obwohl er längst seinen eigenen Weg gegangen war. Liebe und Geborgenheit seien ihm zwar wichtig, aber schließlich habe er doch „keine Zeit für häusliches Glück", räumte er nach seiner Scheidung ein. Die hatte er „zwar eingereicht, aber ausgesprochen hören wollte er sie scheint's nicht", schreibt Göndi Liebermann in ihrem Buch. Für die Verhandlung hatte er sich entschuldigen lassen. Beruf und Privatsphäre mußten für ihn eine stimmige Einheit bilden. Seine Freunde mußten sich, ebenso wie eine Frau, in sein Arbeitsfeld einpassen. Am Beginn seiner Laufbahn als Komponist und Musiker hatte ihm Lale Andersen durch das Einbeziehen in ihren eigenen Existenzkampf und in ihren Freundeskreis eine Gelegenheit verschafft, Musik als Profession mit politischem Engagement zu verknüpfen. 1979 war er in Paris wieder einer Frau begegnet, die sein Leben mit Liebe und Harmonie erfüllte, und, seine künstlerischen Interessen teilend, ihn in seinen beruflichen und gesellschaftlichen Ambitionen bestärkte. Er heiratete im Jahre 1982 wieder, und zwar die Französin Hélène Vida, Journalistin von Beruf und namhafte Redakteurin beim französischen Fernsehen „Antenne deux". Erstes Ergebnis ihrer künstlerischen Zusammenarbeit war die Oper „La Forêt". Weitreichender noch war die Anregung zu einer neuen Aktivität, die Rolf Liebermann über das Engagement seiner Frau erhielt. Hélène Vida-Liebermann hatte sich in Hamburg von der Musikerin Irmgard Schleier und der Schauspielerin Eva Mattes für die aktive Teilnahme an einem geplanten Künstlerinnen-Festival gewinnen lassen. Diese Initiative entsprach ihren Ideen und der Hoffnung, daß der Kampf für die Gleichstellung von Mann und Frau in der Zukunft Erfolg haben möge. Die Frauen müßten auf allen Gebieten in der Lage sein, „höchste Verantwortung zu übernehmen und dabei ihre eigene Persönlichkeit entwickeln, ohne männliches Verhalten nachzuahmen oder männliche Autorität zu karikieren", schrieb sie im Hamburger Abendblatt im August 1986. Vor allem, und das konnte sie als Mitglied des eigens dafür gegründeten Trägervereins mit beeinflussen, sollte das Festival „nichts von einem feministischen Ghetto" bekommen. Frauen aus den Ländern der Dritten Welt sollten Gelegenheit erhalten, ihr Können zu beweisen, und diejenigen sollten ermutigt werden, „die sich noch nicht trauen, laut ihre Stimme zu erheben".

Vom 23. August bis 15. September 1986 fand das erste „Festival der Frauen" statt, es hatte sich die Losung der Weltfrauenkonferenz von Nairobi im Jahre 1985 als ihr Leitmotiv zu eigen gemacht: „Für Gleichberechtigung – Gegen Hunger und Armut – Für Frieden." Auswahlkriterien für die Teilnahme am Festival waren neben Qualität das soziale, künstlerische und politische Engagement der Sängerinnen. Aus Etatgründen – der Zuschuß aus öffentlichen Mitteln war knapp bemessen – hatte man sich entschlossen, auch zugkräftige Stars, die eine größere Zuhörerschaft anlocken sollten, mit zu beteiligen. Aus dieser Notwendigkeit wurde ein Konzept: die Gemeinsamkeit von Weltstars der musikalischen Hochkultur, sogenannten Volkssängerinnen und bekannten Schauspielerinnen, die deutsche Übersetzungen der Lieder sprachen. So waren im Eröffnungskonzert auf dem Hamburger Rathausmarkt, das zu einer volksfestartigen gesellschaftskritischen Veranstaltung wurde, unter den internationalen Volkssängerinnen die „Stimme Lateinamerikas" Mercedes Sosa aus Argentinien neben der Mezzosopranistin Teresa Berganza aus Spanien und den Schauspielerinnen Ida Ehre, Ingrid Andree, Eva Mattes und Barbara Sukowa zu hören.

Rolf Liebermann war von der Idee des Festivals begeistert. Er ließ sich nicht lange um ein Geleitwort für die erste Künstlerinnen-Veranstaltung bitten, und er griff auch gleich aktiv mit einem Vor-

schlag ein: „Dieses Festival wird sicherlich die Frage aufwerfen, warum weibliche Kreativität sich in so hohem Maße in der Interpretation darstellt, während ihr Anteil (von der Literatur einmal abgesehen) auf dem Gebiet der Malerei, der Bildhauerei, der Komposition verschwindend klein ist. Vielleicht sollte man in einem nächsten Festspiel einmal versuchen, durch Kompositions-Aufträge und Ausstellungen, durch die Zusicherung, daß ihre Werke gespielt, gehört und gesehen werden, kreative Frauen aus ihrem Vestalinnen-Dasein zu befreien." Die Brücke zu seiner Arbeit an der Oper schlug er selbst in seiner Würdigung des „Hamburger Sängerhaufens" anläßlich dessen zehnjährigen Bestehens im Jahre 1987. In ihr stellte er die Übereinstimmung der kulturpolitischen Ziele des Chores mit seinen eigenen Absichten fest, die er über die Opernarbeit zu erreichen suchte. In seiner Würdigung faßte er sein ganzes Weltbild zusammen, das sein bisheriges Leben und seine persönlichen Entscheidungen noch in hohem Alter bestimmt hat: „Das Thema, das uns 1930, 1933, 1939, 1945 und bis heute beschäftigt hat, ist auch das Thema des ‚Sängerhaufens‘: Wie kann man endlich zu einer friedlichen Welt kommen, wie können wir die Zerstörung unseres Planeten verhindern, wie können wir die Völker verbinden und die Menschen wachrütteln, damit sie endlich begreifen, wie wichtig gegenseitiger Respekt, gegenseitiges politisches und weltanschauliches Verständnis und ein soziales Gewissen für die Entwicklung und für die Zukunft unseres Daseins sind." Und dann fährt er fort: „Es ist schön zu wissen, daß diese Tradition nicht abgebrochen ist und seit nunmehr zehn Jahren ihre lebendige Existenz in dieser Stadt bewiesen hat. Und diese Existenz wird sich weiter beweisen, weil sie notwendig ist, um hin und wieder einigen Wenigen im Zuschauerraum klarzumachen, worum es eigentlich in dieser Welt geht."
Rolf Liebermann hat seine Verbundenheit mit diesem Festival dadurch zum Ausdruck gebracht, daß er seinen 80. Geburtstag nicht mit der Oper feierte, sondern den Festivalveranstalterinnen die Ehre gab, die Feierlichkeiten zusammen mit der Stadt Hamburg auszurichten und sie zum Bestandteil des Frauen-Festivals 1990 zu machen. Er hatte auch kein Problem, als Mann die Ehrenpräsidentschaft der „Hammoniale", wie sich das alle zwei Jahre stattfindende Frauen-Festival seit 1992 nennt, anzunehmen.
„Durch die Zeiten, über Grenzen", der Titel des Eröffnungsfestes

Zu Beginn der Geburtstagsgala „Voices – Hommage
à Rolf Liebermann" am 15. September 1990 sang
ein „kleiner Sängerhaufen", mit Blumensträußen
für den Jubilar in den Händen, Lieder in fünf Sprachen.
Neben Rolf Liebermann seine Frau Hélène
Vida-Liebermann und Mäzen Dr. Kurt A. Körber

1990, wurde im Jahr der politischen Wende in Deutschland und
Osteuropa zum Motto der gesamten Biennale. Die Festspielleite-
rin Irmgard Schleier begründete es in ihrem Grußwort „Grenz-
gänge" so: „Über Grenzen, die jetzt fallen, kommen Künstlerinnen aus der Sowjetunion und aus Bulgarien … Über Grenzen geht
es auch künstlerisch … Über Grenzen geht ein Frauen-Festival
auch, wenn es einen Mann ehrt, der in seinem langen Leben die
Laufbahn vieler Künstlerinnen gefördert hat."
„Voices" – Hommage à Rolf Liebermann – hieß das Konzertfest
am 15. September 1990, das aus allen Räumen der Kampnagelfabrik live vom 3. Fernsehprogramm und vom Hörfunk des
NDR, Liebermanns erstem Arbeitgeber in Hamburg, übertragen
wurde. „Voices" waren die Stimmen aller, die dem „Kosmopoli-
ten, Komponisten und Kämpfer" gratulierten. Und das waren
Sängerinnen und Sänger der Hamburgischen Staatsoper, die Lie-
bermann entdeckt und gefördert hatte, das Philharmonische
Staatsorchester, Jazzsängerinnen und -sänger, Preisträger des
Tschaikowsky-Wettbewerbes in Moskau, Instrumentalsolisten,

Der Erste Bürgermeister von Hamburg Henning
Voscherau überreichte auf der Geburtstagsgala
Rolf Liebermann die Hamburger Ehrendenkmünze
in Gold, worauf der Jubilar ganz trocken
vermerkte: „Ich habe mich sehr gefreut. Ich lege sie
zum übrigen."

Tänzerinnen und Tänzer, Künstler verschiedener Genres. Es er-
klangen Arien und Duette aus Opern genauso wie Liebermanns
frühe „Chinesische Liebeslieder" und sogar das Finale des zweiten Aktes aus der „Hochzeit des Figaro" in fast der alten Salzburger Inszenierung von 1986. Die Tänzerin Carolyn Carlson bot mit
ihrer Companie eine gelungene Geburtstags-Performance dar, in
der sie mit Witz und Ironie den vom Schaffensrausch besessenen
Liebermann liebevoll karikierte. Natürlich fehlte auch nicht eine
Reminiszenz an die zwei Jahre zuvor zum Abschied von der
Staatsoper stattgefundenen „Cosmopolitan Greetings" mit dem
Jazz-Star Dee Dee Bridgwater. Auch Gerd Albrecht, George
Gruntz, Jürgen Flimm, Mauricio Kagel gaben ihm die Ehre. In seinem „Freundeswort" erinnerte sein Weggefährte Hans Mayer an
den „dunklen Untergrund des Künstlerlebens Liebermann", an
Liebermann, der als Schweizer und Jude in einem ganz besonde-
ren Spannungsfeld gelebt hat und dessen Charakter er als demo-
kratisch, neidlos und neugierig in genauestem Wortsinn bezeichnete.

Nur in wenigen Situationen seines Lebens ließ Rolf Liebermann eine innere Rührung sichtbar werden. Eine davon war der Moment, als vor der Eröffnung des „Voices"-Konzerts Kinder, ein „kleiner Sängerhaufen", einen Blumenstrauß für den Jubilar in ihren Händen, Lieder in fünf Sprachen sangen, das deutsche Lied hieß „Die Gedanken sind frei". Nicht ganz so beeindruckt zeigte er sich, als Hamburgs Erster Bürgermeister Henning Voscherau ihm, dem „heimlichen Fürsten der Stadt", die Hamburger Ehrendenkmünze in Gold übergab, eine hohe Auszeichnung, die seit 150 Jahren an Nicht-Hamburger mit großen Verdiensten für die Stadt verliehen wird. „Ich habe mich sehr gefreut und lege sie zum übrigen", war Liebermanns Antwort, die sich manch einer anders gedacht haben mag. Ein riesiger Blumenstrauß, kunterbunt und zufällig zusammengestellt aus vielen einzelnen Blumen vieler Gratulanten, wurde für ihn „zu einem der schönsten Bouquets, das Hamburg wohl je einem seiner Bürger überreicht hat". „Wer vorher nichts über Rolf Liebermann wußte, hat an diesem Abend mehr als nur eine Ahnung von dem bekommen, was man Brückenschlag, Neugierig machen, Entdecken eines breiten Kunstspektrums nennen kann", schrieb die Hamburger Rundschau über das Geburtstagsfest und betonte noch etwas, was Liebermann mit Genugtuung registriert haben mag: „Auch in der Zusammensetzung des Publikums spiegelte sich etwas von der katalysatorischen Kraft Liebermanns wider. Plötzlich gab es auf Kampnagel jede Menge Establishment und Yuppies zu sehen, die man hier sonst kaum freiwillig antreffen würde, aber im Verlauf der langen Nacht wurde deutlich, daß durch ein gemeinsames Kulturerleben Annäherungen möglich sind."

Der Komponist Rolf Liebermann

Musik zum Beruf machen, hieß im Verständnis von Rolf Liebermann musizieren und komponieren. Seine ersten Kompositionsversuche basierten auf seinem Wissen aus der Konservatoriumszeit, seiner Begabung für musikalische Textgestaltung und seiner Neugier auf Neues schlechthin. Als er im Jahre 1940 seinem Lehrer Wladimir Vogel begegnete und eine ganz neue Kompositionsweise, die Technik der Zwölftonmusik, kennenlernte, wurde ihm das Komponieren zum Hauptanliegen. In der Zeit des Aufbruchs nach dem Zweiten Weltkrieg wollte er sich an der Suche nach einer neuen Musiksprache beteiligen. In seinen letzten Lebensjahren konnte er mit Genugtuung feststellen, daß er „mit der Regelmäßigkeit eines Metronoms" zwischen 1945 und 1955 „an einem umwälzenden Abschnitt der zeitgenössischen Musikgeschichte teilgenommen" hat.

Liebermann hatte auch von Anfang an ein Glück, von dem junge Komponisten nur träumen. Seine Werke kamen immer zur Aufführung oder fanden einen Verleger. In Hermann Scherchen hatte er einen „Dirigentenvater", der persönlich an seinen Kompositionen interessiert war, ihn nicht nur zu neuen Experimenten ermunterte, sondern auch noch die Aufführung garantierte. Als Hermann Scherchen im Jahre 1948 seinen ARS-VIVA-Verlag gründete, druckte er auch einige Arbeiten Liebermanns, wie die aller Scherchen-Schüler.

Seinen Hauptverleger fand Rolf Liebermann aufgrund seiner

Freundschaft mit Alfred Schlee in der UNIVERSAL EDITION Wien. Alfred Schlee war 1944 über die Giraudoux-Cantate auf Liebermann aufmerksam geworden und hatte ihm angeboten, im Rahmen einer geplanten Edition von Werken jüdischer Komponisten die Kantate und alle folgenden Werke in dem Verlag zu veröffentlichen, „sobald dieser Hitler weg ist" – ein im besetzten Österreich kein ungefährlicher Vorschlag. Liebermann konnte für sich den Anspruch entwickeln, nur für eine gesicherte Aufführung zu komponieren und auf keinen Fall für die Schublade. Als er Opernintendant wurde, hat er kein leeres Notenblatt mehr gefüllt, und nach Beendigung dieser Tätigkeit mußte er „das Handwerk praktisch neu lernen". Auf diese Weise kamen „gewissermaßen zwei Leben als Komponist zustande". – Werden sie sich voneinander unterscheiden?

Erste Kompositionsphase 1943–1958

Sein Kompositionslehrer Wladimir Vogel in Ascona machte ihn mit der Zwölftonmusik bekannt, seitdem war er versessen darauf, sich diese Kompositionstechnik anzueignen und auf seine Weise zu nutzen. In der Zwölftonmusik, um 1920 von Arnold Schönberg als die „Methode der Komposition mit zwölf nur aufeinander bezogenen Tönen" vorgestellt, gibt es keine Dur-Moll-Tonalität mehr, und die Unterscheidung zwischen Konsonanzen und Dissonanzen ist bedeutungslos geworden. Alle Töne der Tonskala sind gleichberechtigt. Grundlage einer Komposition ist eine Reihe aus den zwölf chromatischen Halbtönen einer Tonleiter, in der kein Ton wiederholt werden darf, bevor nicht alle anderen vorgekommen sind. Es soll dadurch vermieden werden, daß ein Ton doch wieder schwergewichtiger und damit zu einem „tonalen" Zentrum wird. Die sogenannten Reihen können nun im Laufe des Komponierens nach bestimmten Regeln verändert werden, woraus sich zahlreiche Möglichkeiten des Komponierens ergeben.
Rolf Liebermann fühlte sich herausgefordert, dieses strenge System nach immer neuen Gestaltungsmöglichkeiten abzuklopfen. Die Zwölftontechnik war für ihn Grundlage zum Komponieren, nicht aber ein Stil an sich. Zwölftonreihen sollten die Säulen der Komposition bilden, die strenge Konstruktion durfte seiner Musik aber nicht anzumerken sein. Seine Musik sollte melodiös und

klangsinnlich sein, wenn nötig mit ungewöhnlicher Instrumentierung. Er handhabte die Zwölftontechnik undogmatisch und kombinierte sie mit anderen Stilen, mit der Klassik genauso wie mit der Romantik bis hin zur Moderne. Neben der Zwölftontechnik, die die harmonische Anlage regelt, spielte für Liebermann auch der Rhythmus eine große Rolle. Dafür holte er sich seine Anregungen von anderen Komponisten, so von Igor Strawinski und von George Gershwin. Anknüpfend an die Erfahrungen, die er in seiner Jugend in den Züricher Filmtheatern und Kabaretts gemacht hatte, bezog er auch Unterhaltungsmusik, Volksmusik und besonders den Jazz mit ein. Daß einige Kritiker wegen seiner Liebe zu der nicht „ernsten Musik" die Nase rümpfen könnten, störte ihn nicht. Der klassischen Tradition blieb Liebermann auch in formaler Hinsicht treu. Seinen Werken liegt meist eine bekannte formale Anlage zugrunde, sei es eine latente Dreiteiligkeit, eine viersätzige Form oder ein Rondo. Auf diese Weise erleichtert er seinen Zuhörern die Orientierung und zugleich den Zugang zu seiner Musik.

Nach seinen „Fünf Polyphonen Studien" für Kammerorchester, seinem Erstlingswerk als Schüler Wladimir Vogels, und seiner Giraudoux-Cantate für Bariton und Orchester „Une des fins du monde" erlebte er seinen ersten größeren Durchbruch als Komponist im Jahre 1945 mit dem „Furioso" für Orchester. Das achtminütige Werk ist dreiteilig angelegt, nach dem Muster der italienischen Ouvertüre beginnt und schließt es mit einem schnellen Abschnitt. Das „furiose" rhythmische Drängen der beiden schnellen Eckteile wird durch einen langsamen, die halbe Komposition einnehmenden Mittelteil unterbrochen. Der ist mit seinem liedhaften Thema ein Beispiel für Liebermanns farbige, klangsinnliche Musik trotz Zwölftontechnik und polytonaler Gestaltung.

Die Bekanntschaft mit Alfred Schlee hatte ihm ungeheuren Auftrieb gegeben. Er versuchte sich nun an Werken verschiedener Gattungen. Er schrieb Instrumentalmusik für Solisten sowie für kleine und große Orchester, Lieder und eine weitere Kantate; er konfrontierte gesprochenen Text mit einem Orchester und komponierte drei Opern. Manchmal griff Liebermann thematisches Material aus seinen früheren Werken noch einmal auf und variierte es rhythmisch und harmonisch. Er sah sich dabei in guter Gesellschaft mit den großen alten Meistern, die auch häufig auf ihre eigene Musik zurückgegriffen haben.

Das Werk, das für Liebermann selbst den höchsten Stellenwert einnahm und mit dem er sogar in Amerika Erfolg hatte, war das „Concerto for Jazzband and Symphony Orchestra". Es entstand nach seiner zweiten Oper „Penelope" und war ein Dankeschön an die Jazzband Kurt Edelhagen. Das kam so: In den Proben zur „Penelope" für die Uraufführung bei den Salzburger Festspielen 1954 hatten die Wiener Philharmoniker Schwierigkeiten, den Boogie-Woogie stilgerecht wiederzugeben. Der einzige Ausweg war, diese Passage von einer professionellen Band einspielen zu lassen. Von dieser Tonbandaufnahme begeistert, schrieb Liebermann gleich ein Stück eigens für diese Jazzband. Im gleichen Jahr noch entstand das „Concerto for Jazzband and Symphony Orchestra". Für Rolf Liebermann war es ein willkommener Anlaß, sich wieder einmal mit dem Jazz zu beschäftigen, und der Südwestfunk Baden-Baden hatte bei ihm sowieso eine neue Komposition für die Donaueschinger Musiktage angefordert. Er liebte den Jazz mindestens genauso leidenschaftlich wie die sogenannte ernste Musik. Seine ersten Ausflüge in die Unterhaltungsmusik als junger Mann in Zürich waren zwar ein notwendiger Gelderwerb, aber sie widersprachen auch nicht seinem Kunstempfinden. Er stellte sowieso die Barriere zwischen E- (für ernste) und U- (für Unterhaltungs-) Musik in Frage, provozierte gern einmal diesbezügliche Puristen.

„Das Concerto" führt diese zwei im Laufe der Musikgeschichte auseinandergedrifteten musikalischen Ebenen zusammen. Liebermann läßt sie jedoch weniger miteinander verschmelzen, sondern er stellt sie einander gegenüber. Er verwendet zwei auf die jeweilige Ebene spezialisierte Orchester, die sich sowohl in ihrer Besetzung als auch in der Art der Interpretation voneinander unterscheiden: eine Bigband mit Trompeten, Posaunen, Saxophonen und einer Rhythm-section sowie ein Symphonieorchester mit Streichern und Holzbläsern als tragende Instrumentengruppen. Höchster Anspruch eines Symphonieorchesters ist die genaue Wiedergabe des Notentextes; für eine Jazzband dagegen spielt die Qualität der Improvisationsteile eine große Rolle, für die nur der harmonische und rhythmische Rahmen vorgegeben ist. Wie der Titel „Concerto" sagt, hat Liebermann diese alte Form aus der Barockzeit gewählt, die am populärsten durch die Brandenburgischen Konzerte von Johann Sebastian Bach geworden ist. Nach Art des Concerto grosso konzertiert ein kleines Ensemble, das

Concertino = die Jazzband, mit einem großen, dem Concerto grosso = dem Symphonieorchester. Liebermann kombiniert Tänze, die in den fünfziger Jahren populär waren, mit der Kunstmusik. So spielt die Jazzband drei Tänze in klassischer Jazzform: „jump", „blues" und „boogie woogie". Der vom Sinfonieorchester getragenen Kunstmusik liegt eine Zwölftonreihe zugrunde. Zum Abschluß finden beide Orchestergruppen in einem südamerikanischen Mambo-Tanzrhythmus zusammen. Der Komposition ist die Freude des Komponisten und Saxophon-Laienspielers Liebermann anzumerken. Vielleicht ist es kein Zufall, daß die Jazzabschnitte des Werkes länger, mitunter doppelt so lang wie die Zwischenspiele sind. Das Donaueschinger Publikum war lauthals begeistert, der „Mambo" mußte wiederholt werden. Daß Liebermann tatsächlich ein Könner auch dieses Fachs war, beweist das größte Lob, das aus Chicago kam. Dort wurde das „Concerto" mit der Jazzband „Sauter-Finnigans" aufgeführt, und die Kritiker schrieben: „Switzerland brings you jazz." In der ersten Partitur fehlt allerdings noch ein Freiraum für Improvisation. Diese Lücke ist später geschlossen worden. Gemeinsam mit seinem Landsmann George Gruntz verfaßte er eine neue Version des „Concerto", die anläßlich seines 70. Geburtstages in der Züricher Tonhalle und zu seinem 80. Geburtstag in Paris aufgeführt wurde.

Opern

Seine Opern hat Liebermann in den fünfziger Jahren geschrieben, in denen sich die Avantgarde nicht unbedingt mit Opern beschäftigte. Die Komponisten Neuer Musik lenkten ihre kreative Fantasie eher auf Experimente mit elektronischer Musik, mit „musique concrete" oder serieller Musik. Wenn sie mit der Singstimme arbeiteten, dann verwendeten sie diese eher als textfreies Instrument für Stimmfetzen denn als Vermittler von Inhalten. Rolf Liebermann dagegen hat es viel bedeutet, Texte zu vertonen. Insgeheim beneidete er sogar die Schriftsteller, die ihr Publikum direkt über das Wort ansprechen können, während die Musik zu keiner unmißverständlichen Aussage fähig ist. So reizte ihn auch das komplexe Kunstgebilde Oper. Zwischen 1952 und 1957, unterbrochen nur durch ein einziges Instrumentalstück, das erwähnte „Concerto for Jazzband and Symphony Orchestra", schrieb er hintereinander drei Opern: „Leonore 40/45", „Penelope" und „Die Schule der Frauen".

Die Libretti stammen von Heinrich Strobel, Leiter der Musikabteilung des Südwestfunks in Baden-Baden. Liebermann und Strobel kannten sich schon seit den Musikwochen zur Pflege der Neuen Musik in Darmstadt, und das Ehepaar Strobel gehörte längst zum engeren Freundeskreis des inzwischen mit Gioconda verheirateten Rolf Liebermann. Strobel vergab auf den Musiktagen in Donaueschingen nicht nur Werkaufträge für Instrumentalmusik, sondern regte auch zu Versuchen mit der modernen Oper an. Er, der noch im Mai 1948 als Chefredakteur der Zeitschrift für Neue Musik „Melos" geschrieben hatte: „Vielleicht gibt es, im ganzen gesehen, gar keine Erneuerung der musikalischen Bühne. Vielleicht sind es nur Dämmerspiele, an denen wir uns vergnügen. Vielleicht ist die Oper wirklich tot", verabredete schon knapp zwei Jahre später mit Liebermann, eine gemeinsame Oper zu schreiben. Es entstanden drei, und Heinrich Strobel wurde Rolf Liebermanns Librettist.

Es waren die neuen zeitnahen Inhalte, aufgrund derer sich Strobel von Liebermanns Neugier auf Opern anstecken ließ. Ursprünglich hatte er geplant, den Stoff zu „Leonore 40/45", der auch einen autobiographischen Anteil enthält, zu einem eigenen Theaterstück zu verarbeiten. Nun wurde daraus das Libretto zur ersten Oper.

Der Titel „Leonore 40/45" ist eine Anlehnung an Beethovens „Fidelio", das „Hohelied der Gattenliebe". Die Oper spielt in der Kriegs- und Nachkriegszeit 1940/45 und besingt die Liebe einer jungen Französin zu einem deutschen Soldaten, für die natürlich Komplikationen vorprogrammiert sind. Die Lösung des Problems erfolgt – wie übrigens in den zwei nachfolgenden Opern auch – mit Hilfe des aus bester Tradition bekannten dramaturgischen Kunstgriffs, des „Deus ex machina". Ein Herr im Smoking mit Engelsflügeln und zugleich Conférencier des Stückes sorgt für das Happy-End der Oper.

Entsprechend spielt die opéra semiseria, die halbernste Oper, auf zwei Ebenen. Mit gutem Gespür für Gleichgewicht stellt Liebermann der seriösen humanitären Sphäre, ausgestattet mit zwölftöniger, tonaler und bitonaler Musik, das heitere Spiel mit parodistischen, ans Kabarett gemahnenden Stücken gegenüber. Den zahlreichen musikalischen Zitaten, einem regelrechten Feuerwerk von Leihgaben aus Werken von Richard Wagner, Ruggiero Leoncavallo, Igor Strawinski, Arnold Schönberg, Ludwig van Beethoven und François Couperin, fügt er ein Eigenzitat hinzu. In ironischer Weise hält er der zeitgenössischen Zuhörerschaft, die nur immer mit altbekannten Tönen bedient werden will, einen Spiegel vor. Die Oper beginnt mit einem Konzert in Paris, in dem Liebermanns eigene Klaviersonate aufgeführt wird. Das Publikum protestiert gegen diese Zwölftonmusik und will, „C'est la cacododophonie" skandierend, den Saal verlassen, bis es sich schließlich mit Franz Liszts „Liebestraum" besänftigen läßt. Auch die formale Anlage der Oper zeigt nichts Neues. In gewohnter Weise übernimmt Liebermann wieder traditionelle Formen, es gibt also Rezitative und Arien, Duette, Quartette, Ensembles, auch eine abschließende Fuge des Ensembles.

Die Oper ist ein politisches Bekenntnis, sie sollte ein Beitrag zur Verständigung von Franzosen und Deutschen sein, den Wunsch nach einem vereinten Europa unterstreichen. Bei der Uraufführung am Stadttheater Basel, die beziehungsreich am Vorabend von Beethovens 125. Todestag, am 25. März 1952, stattfand, hat es das Publikum verstanden. Die Ovationen wollten nicht enden. Spontan stiegen nach der Vorstellung Rolf Liebermann und Heinrich Strobel für die Fotografen der Schweizer Illustrierten Zeitung auf die Bühne und beseitigten symbolisch aus dem Bühnenbild die Grenzsteine, die Europa in einzelne Staaten unterteilten. „Sie ist die erste Oper, die im Geist eines vereinten Europa geschrieben wurde; sie sollte als Dauergastspiel bei allen Tagungen des Straßburger Europarates gegeben werden!", schrieb der damals angesehenste Kritiker zeitgenössischer Musik Hans Heinz Stuckenschmidt in der Neuen Zeitung am 27. März 1952.

Um so größer war der Schock, den Liebermann nach einer hochkarätig besetzten Aufführung der Oper an der Mailänder Scala erlitt. Statt irgendeiner Reaktion des Publikums, wenigstens eines Protestes, rührte sich keine Hand. Das Publikum verließ nach der Vorstellung still und ohne eine Regung das Haus. „Eine Beerdigung erster Klasse", drückte Liebermann seine Empfindung aus, und konnte sich schwer beruhigen.

Am 17. August 1954 fand im Rahmen der Salzburger Festspiele die Uraufführung der „Penelope" statt. In dieser Oper geht es um ein tragisches Heimkehrerschicksal aus der Nachkriegszeit, um das Problem der Integration von Heimkehrern und Flüchtlingen in das gesellschaftliche Leben der Bundesrepublik. Auch hier werden wieder zwei Spielebenen bemüht. Das wie eine moderne griechische Tragödie anmutende Geschehen der Gegenwart wird in Beziehung zu der historischen Gestalt der Penelope gesetzt, der Gattin des Odysseus, und findet als Spiel im Spiel statt. Am Schluß vereinen sich die beiden Spielebenen zu einer neuen Dimension. Odysseus taucht als Erscheinung auf und berichtet, auch er habe seine Irrfahrten nach dem Trojanischen Krieg nicht überlebt, so wie die Millionen Menschen, die schon immer Opfer der Herrschsucht weniger Mächtiger waren und noch werden. Aber nicht das Engagement gegen den Krieg ist die Schlußfolgerung der Oper, sondern das Ende wendet sich zu einer Huldigung an die Kunst als Zufluchtsort aus den Problemen der Realität, als Hoffnungsträger, Verlorenes wiederzufinden.

Liebermanns Musik zu dieser opéra semiseria, wiederum die formale Anlage mit Arien, Ensembles und Chor berücksichtigend, bewegt sich entsprechend der jeweils antiken und modernen Spielfläche auf zwei stilistisch unterschiedlichen Ebenen. Das tragische Pathos der modernen Tragödie charakterisiert Liebermann mit Zwölftonmusik, mit farbdifferenzierten Klangereignissen und kraftvollen Akkorden. Die Musik zur antiken Handlung mit ihren komischen Elementen und Anklängen an die alte „Comedia dell'arte" lebt von der Parodie. Liebermann spannt einen Bogen vom antiken Ton, der sogar den Rhythmus homerischer Hexameter berücksichtigt, über Kabarettistisches in Brechtscher Manier bis zum Modernen Jazz in Form eines Boogie-Woogie.

Auf den Tag genau drei Jahre später, am 17. August 1957, stellten die Autoren bei den Salzburger Festspielen ihre dritte Oper vor, auf Wunsch des für das Festspielprogramm verantwortlichen Kunstrats diesmal eine opera buffa. Zu dem Zweck erweiterten Liebermann und Strobel die Kurzoper „Die Schule der Frauen" nach Molières Komödie „L'École des Femmes", die im Jahre 1955 im Auftrag der Hochschule von Louisville/USA entstanden war und dort uraufgeführt wurde, zu einer dreiaktigen Oper. Die formale Gestaltung mit Rezitativen, Arien, Duetten und Ensembles entspricht den der beiden vorangegangenen Bühnenwerke. Die Handlung ist denkbar einfach und enthält ein immer wiederkehrendes Thema der opera buffa: Ein alter tyrannische Geck will eine junge Frau, die er einst als Kind aufgenommen hatte, nun selbst heiraten. Er wird durch den eigenen Freund ausgespielt und geht leer aus. Wieder gibt es eine Person, die die Handlung durch-bricht. Diesmal erscheint als „Deus ex machina" der Dichter selbst. Zuerst will er wissen, wie die „jungen Leute" im 20. Jahr-hundert wohl seine alte Komödie „zurichten" würden, schließlich mischt er sich ab und zu in die Handlung ein. Wieder wird die Oper durch ein fugiertes Finale gekrönt, und zwar – die Ironie des Geschehens möge den Anachronismus verzeihen – auf einen Text von Pierre-Augustin (Caron de) Beaumarchais, der hundert Jahre später als Molière gelebt hat: „Voulez-vous donner de l'esprit à une sotte? En fermez-la. – Willst Du den Scharfsinn, den Verstand eines Mädchens wecken, dann sperre es ein." Dies und schon das davor erklingende Terzett „Sie ist/Du bist/Ich bin seine Tochter" ist eine Huldigung über Beaumarchais an Mozart und seinen „Figaro". Liebermann will allen deutlich machen, daß er sich ganz bewußt auf dem Boden der Tradition bewegt. Er bedient sich wieder der Zwölftonmusik und bereichert sie mit einem bezaubern-den Melos. Die Oper ist ein geistvolles Spiel in Liebermannscher Manier, mit Charme, Esprit und einem ganz besonderen ästheti-schen Reiz.

Wenn auch die Kritik unversöhnlich war und anprangerte, daß gerade „Die Schule der Frauen" keine moderne Oper sei, daß die Wahl gerade dieser Oper für die experimentellen, zeitgenössi-schen Werken vorbehaltenen Abende während der Salzburger Festspiele sogar die Ziele der Internationalen Gesellschaft für Neue Musik verrate, sind die drei Opern in jeder Hinsicht wert-volle Werke der Opernliteratur. Sie belegen, daß Liebermann fest in der Tradition verwurzelt war. Die vielen Zitate aus der alten Opernliteratur und lustige Anspielungen zeugen von der vielseiti-gen Bildung des Komponisten, von seinem Witz und seiner Ironie. Das schließt nicht aus, daß Rolf Liebermann dauernd auf der Su-che war nach neuen Ideen für Gestaltungsmöglichkeiten zeitge-nössischer Opern. Anregungen boten sich ihm gar nicht viel spä-ter an der Hamburgerischen Staatsoper.

Zweite Kompositionsphase 1981–1998

Streng genommen hat Rolf Liebermann seine Kompositionsabsti-nenz schon einmal während seiner ersten Intendanz in Hamburg unterbrochen, als er nämlich einer Herausforderung ganz anderer kompositorischer Art nicht widerstehen konnte: Die Schweizer

Landes-Ausstellung „EXPO 64" in Lausanne bat um ein außergewöhnliches Stück, um ein musikalisches Begleitexponat für den Sektor „Waren und Werte" der Abteilungen Außenwirtschaft, Bank und Währung, Versicherung, Verpackung, das ununterbrochen im Abstand von wenigen Minuten ertönen sollte. Es entstand das „Les Échanges", ein Stück für 156 Maschinen und mechanische Anlagen, einschließlich betriebsinterner Verkehrsanlagen und Televisionssystemen der Börse sowie Rechen- und Schreibmaschinen, Lochstreifenstanzer, Klebestreifenbefeuchter, Registrierkassen, Autohupen, Vervielfältigungsapparate, Türgongs, Bahnübergangs-Signalglocken. Die Geräte wurden nicht von Spielern bedient, sondern über Computer gesteuert zum Klingen gebracht. Die schwierige Realisation, die punktgenaue Abstimmung von Reihenfolge, Klangdauer, Zusammenklang, Klangintensität, um einen gewünschten Rhythmus wenigstens annähernd zu erreichen, war nur in Zusammenarbeit mit namhaften Ingenieuren und Technikern möglich. Das „Les Échanges" ist zweidreiviertel Minuten lang, es erklang zum erstenmal am 24. April 1964 im Pavillon Échange. Da das Werk Liebermanns Anforderungen an Musik nicht standhielt, wollte er es nicht als Musik, sondern einfach als „Stück" bezeichnet wissen.

Sosehr es ihn auch drängte, selbst wieder Musik zu schaffen, war der Wiederbeginn nicht ganz einfach. Die vielen Anfragen in Interviews zeigten ihm, wie extrem die Augen der Öffentlichkeit auf sein erstes neues Werk gerichtet waren. Schon am Ende seiner ersten Hamburger Intendanz 1973 mußte er die Erwartungen zunächst dämpfen: „Das Komponieren ist ja auch eine Sache der Übung, man muß die Feder erst wieder zum Fließen bringen. Ich müßte mit einem Mann wie Boulez wieder von vorne anfangen zu arbeiten, mich in alle modernen Stile hineinfressen, die ich nur theoretisch kenne. Ob man dazu in meinem Alter noch in der Lage ist?"

Ein zufälliges Treffen mit seinem Freund Siegfried Palm ließ ihn die Hürde des Wiederbeginns nehmen. Um den berühmten Cellisten über seinen Abschied von Berlin hinwegzutrösten, schrieb er für ihn das „Essay" für Violoncello und Klavier und ließ es ihn auf den Stuttgarter „Studiotagen Leichter Musik '81" zusammen mit dem Pianisten Aloys Kontarsky aus der Taufe heben. Drei Jahre später erweiterte Liebermann das Werk zur „Liaison" für Instrumente des „Essay" als Soloinstrumente und Orchester. Die Uraufführung am 21. Februar 1984 in der Stuttgarter Liederhalle mit dem Radio- und Sinfonieorchester Stuttgart mit Siegfried Palm (Violoncello) und Bruno Canino (Klavier) leitete Ernest Bour. Die beiden Soloinstrumente duettieren sowohl miteinander als auch gemeinsam mit dem Orchester. Liebermann verwendet im melodischen Material das B-A-C-H-Motiv zusammen mit Zwölftonmusik und variablen Rhythmen. Eine Besonderheit bilden Improvisationszeiten, die den beiden Solisten und – stellvertretend für das Orchester – der Schlagzeuggruppe zugestanden werden.

Mit dieser ersten Komposition nach seinem langen „Schweigen" stand fest: Rolf Liebermann war seinem einst gefundenen Stil treu geblieben. Er hatte trotz Moden und Trends an seiner musikalischen Sprache festgehalten. Als das Eis gebrochen war, nahm er die Gelegenheiten zum Komponieren gern wieder wahr. Er schrieb Instrumental- und Vokalwerke für Solisten und Ensembles unterschiedlicher Besetzung und natürlich auch Opern. Anlässe und Stoffauswahl für seine Kompositionen zeigen, daß er auch noch im hohen Alter sein musikalisches mit seinem politischen Engagement verbunden hat. Als Intendant mit selbst auferlegter Schaffenspause konnte er damals jungen Komponisten das Opernhaus als Forum für ihre Aussagen zur Verfügung stellen. Für die Rezeption der neuen Werke hatte er über die Heranbildung eines neuen Publikums durch Informationsangebote und erschwingliche Eintrittspreise gesorgt. Nach Beendigung der Intendantätigkeit reizte es ihn nun wieder, zu politischen Fragen aktiv und mit seinen eigenen künstlerischen Mitteln Stellung zu nehmen.

Ein Kompositionsauftrag der Schweizer Expertenkommission Musik für das „Fest der vier Kulturen" anläßlich der 700-Jahr-Feier des „Ewigen Bundes" und des Bundesbriefes von 1291 gab ihm Gelegenheit, zur politischen Entwicklung des Landes Stellung zu nehmen. Er schrieb „3 X 1 = CH + X" für Solo, großen Chor und Schlagwerk. Die Textvorlage bildet der Bundesbrief der Eidgenossenschaft in den vier Landessprachen der Schweiz: Dem Solo-Mezzosopran ist die rätoromanische Sprache zugewiesen, dem Chor-Sopran die italienische, dem Chor-Mezzosopran die französische und den Chor-Bässen die deutsche Sprache. Den Bundesbrief, der 1291 den „Ewigen Bund" dreier Schweizer Urkantone besiegelt hatte, als Text seiner Komposition zu unterlegen, bot sich aufgrund des Auftragsanlasses an. Gleichzeitig wollte Liebermann damit seinen Wunsch zum Ausdruck bringen, daß sich immer mehr Völker zusammenschließen sollten und daß es auch zur Integration der Schweiz in das entstehende Europa kommen möge.

Die Uraufführung fand im September 1991 im Théâtre du Jorat in Mézières statt, einem kleinen waadtländischen Ort mit 90jähriger Tradition des zeitgenössischen Theaters; mit sechs Damen des Pariser Schlagzeugensembles „Les Pleiàdes" an Fellinstrumenten und sechs Herren an harten Metallinstrumenten, einschließlich Celesta, Marimba und Vibraphon. Schlagzeugdirigent war Sylvio Gualda. Es sangen Mitglieder des Kammerchors Giuseppe Oss aus Zürich, in der Einstudierung von Reto Fritz.

Das im Auftrag des NDR entstandene Klavierkonzert, uraufgeführt 1995 mit dem NDR Sinfonieorchester unter der Leitung von Sylvio Gualda und mit Massimiliano Damerini am Klavier, ist ein Beispiel dafür, daß Liebermann seinen eigenen Stil gefestigt hat. Das äußerst virtuose Konzert erinnert durch seinen rhythmischen Drive mit schroffen Kontrasten an sein 1945 komponiertes „Furioso". Wieder liegt hier in Zwölftontechnik geschriebene Musik zugrunde, sie enthält aber auch tonale Passagen und traditionelle formale Elemente. Das Konzert verläuft zwar in einem Satz, läßt sich jedoch, nicht zuletzt aufgrund wechselnder Instrumentierung, nach dem klassischen Konzertschema in drei Abschnitte gliedern: der langsame Mittelteil wird nur vom Soloklavier, begleitet von Streichern, vorgetragen. Das Vorkommen zweier kontrastierender Themen im ersten Presto-Teil läßt sich unschwer als klassischen Themendualismus interpretieren. Das Klavierkonzert weist aber auch ein Eigenzitat auf: Die nach dem furiosen Beginn von den Streichern und Holzbläsern vorgetragene Zwölftonreihe hat Liebermann bereits in seiner ersten Symphonie und kurz danach auch in seiner Oper „Freispruch für Medea" verwendet.

Mit „Enigma" für großes Orchester (Enigma = Rätsel), entstanden 1994/95 in Hamburg und vom Philharmonischen Staatsorchester unter der Leitung von Gerd Albrecht uraufgeführt, verband Liebermann wieder eine Botschaft. Er widmete es seinem Landsmann Paul Sacher, dem langjährigen Leiter des Basler Kammerorchesters und Förderer der musikalischen Moderne, zum 90. Geburtstag im Jahr 1996. Des „Rätsels" Lösung: Die den Namen des Adressaten wiedergebende Tonfolge (e)s-a-c-h-e-r (r = d, entsprechend der Tonsilbe re für d) wird einer Zwölftonreihe zugrunde gelegt; zuerst von Bambusröhren intoniert, erscheint sie immer wieder, bis sie auf dem dynamischen Höhepunkt des Werkes von den Trompeten exponiert herausgestellt wird. Das latent dreiteilig angelegte Werk ist spiegelbildlich gestaltet: Verdichtung und Steigerung – dynamisch-melodischer Mittelteil – Entflechtung in rückläufiger Anlage. Diese Form soll die programmatische Aussage verdeutlichen. Der fast 85jährige Komponist grüßt den fast 90jähren Künstlerfreund. Die im Namen enthaltene Tonfolge der kleinen Sekunde (c-h), das klassische Seufzermotiv, ist immer häufiger zu hören. Es ist die Reaktion auf rhythmisch prägnante, kriegsmarschähnliche Einwürfe des Schlagzeugs und steht für die Schrecknisse unserer Zeit. In dem Maße, wie sich die Zeit beruhigt, ist der Seufzer seltener bis gar nicht mehr zu hören, bis zum vielleicht optimistischen Ende.

Beide letztgenannten Werke, das Klavierkonzert und „Enigma", standen zusammen mit dem früheren „Furioso" für Orchester und dem „Concerto for Jazzband and Symphony Orchestra" auf dem Programm des Festkonzertes zu Rolf Liebermanns 85. Geburtstag. Am 23. September 1995 fanden sich die „offiziellen" Musikbediensteten, der NDR und die Staatsoper, zu einer Gratulationscour in der Musikhalle ein, um Rolf Liebermann, der sieben Jahre zuvor als Opernintendant verabschiedet worden war, nun als Komponisten zu würdigen.

Opern

Sein großes Interesse galt nach wie vor der Oper. Zwischenzeitlich war er einmal auf ein anderes Gebiet vorgestoßen: die Regiearbeit. 1982 hatte ihm Hugues R. Gall, ehemals sein Adlatus in Paris und jetzt Intendant des Grand Théâtre von Genf, angeboten, die Regie in Wagners „Parsifal" zu übernehmen. Liebermann ließ die Oper im Atomzeitalter spielen, beginnend auf Montsalvat nach der großen Atomkatastrophe. „Nicht Auschwitz war ein radikaler geschichtlicher Einschnitt", sagte Liebermann in einem privaten Gespräch mit Joachim Kaiser von der Süddeutschen Zeitung, „sondern die Atombombe." (…) „Nach wie vor verübten die Mächtigen ihre Völkermorde (Liebermann erwähnt Afghanistan und ethnische Minderheiten), aber die Zündung der Atombombe sei eine einmalige historische Wendung gewesen", heißt es weiter. Leider beließ es Liebermann bei diesem einmaligen „Ausflug".

Noch mehr reizte es ihn, eine eigene Oper zu schreiben, und auch die Musikwelt wartete auf ein neues Bühnenstück von ihm. Wie wird Liebermann seine schöpferische Pause als Opernkomponist genutzt haben? Konnte er von den neuen Ideen der jungen Komponisten profitieren, deren Auftragsopern er unwidersprochen akzeptiert und mit der gesamten Technik des Opernhauses realisiert hatte? Seine von der Genfer Oper und dem Radio de la Suisse romande in Auftrag gegebene Oper „La Forêt", an der er gerade gearbeitet hatte, als ihn im Herbst 1984 der Hilferuf aus Hamburg erreichte, ist pünktlich fertig geworden. Wie geplant fand die Uraufführung am 8. April 1987 unter der Leitung von Jeffrey Tate im Grand Théâtre in Genf statt. Nicht nur die internationale Fachwelt reiste an, auch Hamburg war würdig vertreten. Kultursenatorin Helga Schuchardt wollte die Oper „ihres" Intendanten erleben, und Mäzen Dr. Kurt A. Körber nahm dies zum Anlaß, gleich die ganze Tagung seines Bergedorfer Gesprächskreises nach Genf zu verlegen. Der Jubel am Abend war groß, aber die Diskussionen über Liebermanns erste Oper nach der langen schöpferischen Pause hielten an.

Das Libretto in französischer Sprache nach Alexander Ostrowskis sozial- und zeitkritischer Komödie „Der Wald" hat Hélène Vida-Liebermann geschrieben. Es ist eine bis hin zu den Personennamen entrussifizierte Textvorlage, in der es um den Gegensatz zwischen der Welt der Künstler und der bürgerlichen Gesellschaft geht und in der die Selbstgerechtigkeit der sogenannten besseren Gesellschaft bloßgestellt wird. Nicht Mildtätigkeit ist die Motivation der kunstfördernden Gönner, sondern Eigennutz und Eitelkeit. Am Ende triumphiert die Wahrheit des Theaters über die Scheinheiligkeit des Lebens und – wie in Liebermanns früherer Oper „Penelope" – preisen sich Kunst und Künstler selbst: „Ihr seid die Komödianten, wir sind Künstler, Schöpfer! Unsere Triebe bewegen die Welt!", ruft der Opernsänger der bourgeoisen Gesellschaft zum Abschied zu. Wie in Werken alter Maler oder Bildhauer der Künstler unter den Figuren eines Säulenkapitells oder inmitten eines Gruppenbildes mitunter selbst auftaucht, so gibt es auch hier eine autobiographische Parallele. Liebermann deutet seinen eigenen familiären Konflikt an, sein Ausgestoßensein aus der gehobenen Gesellschaft einer Rechtsanwaltfamilie, zu der er gehörte, in der er aber nicht gelitten war, weil er sich dem Milieu von Bohèmiens zuwandte.

Die Oper ist „ein Fest für Stimmen" ohne „diesen modischen Krach im Orchestergraben, der den Gesang allzu leicht zudeckt". Wer neue Töne aus seiner Feder erwartet hatte, sah sich enttäuscht. Die Musik bleibt genüßlich melodisch, zart instrumentiert mit Streichern, gedämpftem Blech und vorsichtigem Schlagzeug. Sogar die zu Terzenklängen geführte Zwölftonreihe wird gegen den gefälligen Gesang nicht störend wahrgenommen. Dafür finden sich Kenner des Publikums amüsant bedient durch reichlich eingeschobene Mozart-, Wagner-, Strauss- und Strawinskizitate. Vorwürfe, er bliebe hinter seinen selbst formulierten Forderungen an das Musiktheater von heute zurück, hat Liebermann zum Teil durch seine Meinungsäußerung bestätigt, daß ihm die Uraufführung der Oper „zu ‚kulinarisch' war und ganz anders ausgesehen habe, als es gedacht war".

Neuer Ärger entstand ihm und seiner Frau mit der von ihnen hergestellten deutschen Fassung „Der Wald". Sie wurde zum Auftakt der Schwetzinger Festspiele am 3. Mai 1988 unter der Regie von Adolf Dresen für den deutschsprachigen Raum erstaufgeführt. Dresen hatte nach Hélène Vida-Liebermanns Ansicht über die Inszenierung hinaus zu sehr in die Textvorlage eingegriffen, indem er das Stück wieder nach Rußland versetzte und die allgemeine Aussagekraft einengte. Trotz juristischer Einsprüche fand die Aufführung wie geplant statt, und in der Folge hat die Frankfurter Oper, die die Schwetzinger Premiere ausgerichtet hatte, das Stück für ihr Haus übernommen.

Eine ganz andere Materie hat Rolf Liebermann lange beschäftigt: der aus der Antike überlieferte Medea-Stoff. Der fesselte ihn so stark, daß er ihn in drei selbständigen Werken gestaltete. Zuerst entstand der „Medea-Monolog", dann die Oper „Freispruch für Medea", und kurz vor seinem Tod erweiterte er diese noch einmal zu einer längeren Fassung, der Oper „Medea". Liebermann fand diesen antiken Stoff besonders interessant, weil man, wie er später bekannte, „mit dieser Medea-Parabel, wenn man sie wie ich auf den Kopf stellt, alles beweisen (kann), ohne etwas direkt zu sagen … Es ist eine Spiegelung der Moderne." Für das Libretto des „Medea-Monologs" suchte er eine Vorlage, die den seit Euripides bekannten Medea-Mythos umkehrt und Medea nicht als Kindermörderin darstellt, sondern sie zum Opfer in der erbarmungslos nach Macht strebenden Männerwelt macht. Er fand den 1987 erschienenen Roman „Freispruch für Medea" von Ursula Haas, aus dem die Münchner Schriftstellerin und Lyrikerin einen Monolog der Medea, ein sechzig Zeilen langes lyrisches Gedicht verfaßte. Es entstand der „Medea-Monolog" für Sopran, Frauenchor und großes Orchester. Die Uraufführung fand am 26. August 1990 in einem Festkonzert der Staatsoper und des Norddeutschen Rundfunks statt im Vorgriff auf Liebermanns 80. Geburtstag, der kurz darauf zum richtigen Termin vom Festival der Frauen ausgerichtet wurde. Es sangen Françoise Pollet in der Rolle der Medea und 45 Damen der Chöre der Hamburgischen Staatsoper und des NDR, es spielte das Philharmonische Staatsorchester unter der Leitung von Gerd Albrecht.

Das Werk ist der Monolog einer Frau, die sich mit dem Hin und Her ihrer Gefühle auseinandersetzt, der ihr dauernd zwischen Abhängigkeit und Eigenständigkeit wechselndes Dasein bewußt wird und die an einer Entscheidung gewachsen ist, die nur sie selbst verantwortet. Medea hat in der Vergangenheit bis zur Selbstaufgabe leidenschaftlich geliebt, ist ihrem Jason sogar aus ihrem Ort des Matriarchats in den seinen gefolgt, in dem das Patriarchat vorherrschte, und muß nun erfahren, daß sie nur nützliches Objekt gewesen ist. Sie wird von Jason, der sich über die liebende, gealterte Frau erhaben wähnt, als Fremde verhöhnt und verstoßen. Medea braucht im Gegensatz zur antiken Tradition keinen Kindermord, um sich an Jason zu rächen. Ihre Stärke war es zu entscheiden, das Kind, das sie von Jason, ihrem machtgierigen, kriegsbesessenen Mann erwartet hat, gar nicht erst zur Welt zu bringen: „Kein Kind den Mächtigen der Welt! Wer lieben kann, der kann auch töten." Medea wird zur gleichberechtigten Partnerin in der Auseinandersetzung zwischen Mann und Frau. In die Komposition eingeflochten ist ein Chor der korinthischen Frauen, der das Gesagte reflektiert und so dem Monolog der Medea noch größere Aussagekraft verleiht. Die Musik, die Medeas Gefühlswelt wiedergibt, wechselt von melodischen Passagen der Streicher und Holzbläser, die glückliche Vergangenheit charakterisierend, zu explosionsartig einsetzendem, die Wut in der Gegenwart zum Ausdruck bringendem Schlagwerk. Liebermann verwendet in gewohnter Weise wieder eine frei gehandhabte Zwölftonreihe. Auch Jazzelemente sind enthalten, und entsprechend haben die Schlagzeuger Gelegenheit zu improvisieren.

Rolf Liebermann, Librettistin Ursula Haas und
Generalmusikdirektor Gerd Albrecht in der
Hamburger Musikhalle bei den Proben zum
„Medea-Monolog"

Die Oper „Freispruch für Medea" war schon 1992 vollendet,
aber erst anläßlich von Liebermanns 85. Geburtstages bot sich für
die Staatsoper die Gelegenheit zur Uraufführung, die am 24. September 1995 wieder unter der Leitung von Gerd Albrecht und
auch wieder mit Françoise Pollet als Medea stattfand. Außer dem
Philharmonischen Staatsorchester spielte ein Gamelan-Orchester
aus 16 Musikethnologen der 1981 gegründeten Gruppe Arum Sih
(„das Aroma der Liebe"). Regie in der choreographisch angelegten Inszenierung führte Ruth Berghaus.
Liebermann hat diese Oper 1995 in einem Interview als „Anti-
Macho-Oper" bezeichnet und weiter ausgeführt: „Ich bin gegen
jede Aggression und kann Medea bestens verstehen, wenn sie
sagt: ,Ich will kein Kind der Macht.' Für mich berührt das Thema
ein Credo, das mich ein Leben lang begleitet." Durch die szenische Ausführung des im kaukasischen Kolchis stattfindenden
Fruchtbarkeitsritus und den brutalen Einfall Jasons mit seinen
Argonauten wird das Aufeinanderprallen zweier unterschiedlicher Welten verdeutlicht: „Matriarchat und Patriarchat, Ost
und West; in Kolchis die kultisch geprägte, naturnah in sich
ruhende Frauenwelt und aus Korinth die hereinbrechende

Macho-Brutalität ... " Neu hinzu kommt die Homoerotik, sogar in kausalem Zusammenhang mit der Stärke der verlassenen Frau. Jason wendet sich in Liebe dem jungen Apollo-Priester Kreon zu. „Deine Stärke ist's, die mich in Knabenarme trieb! Ich brauche Luft zum Atmen! Du ekelst mich wie deine alte Haut!" Medea findet zum Schluß ihre innere Ruhe, „Medea kehrt zu sich zurück. Im Abschied nicht verloren."

Liebermann charakterisiert die zwei fremden Kulturen über zwei ihnen jeweils adäquate Instrumentengruppen. Für die Sphäre der harmonischen Frauengemeinschaft der Medea wählt er Javanischen Gamelan-Slendro, exotische und zarte Klänge mit Xylophonen, Trommeln, Gongs etc. Doch die verklingen mit dem Eindringen der griechischen Männer. Lautes Blech und rhythmisches Schlagwerk eines traditionellen Orchesters beherrschen die Szene. Medeas Handeln wird – wie im „Medea-Monolog" – im weiteren Verlauf durch zarte Streicherklänge und Holzbläserfiguren wiedergegeben.

Auch mit dieser Oper war Liebermanns Interesse am Medea-Stoff nicht erschöpft. Er hat noch eine Neufassung fertiggestellt. Aus der zweiaktigen ist eine dreiaktige Oper geworden, die Handlung ist nicht mehr so gedrängt wie in der ersten Medea-Oper. Die einzelnen Figuren können sich entwickeln, Profil gewinnen, und die wachsende Liebesbeziehung der beiden Männer Jason und Kreon ist in den szenischen Gestaltungsraum einbezogen. Die Uraufführung in der Inszenierung von Philippe Godefroid und Françoise Terrone, mit dem Berner Symphonie-Orchester unter der Leitung von Daniel Klajner und mit Joanna Porackova als Medea fand am 1. Juni 2001 im Stadttheater Bern statt. „Liebermanns Alterswerk ist seine wohl beste Opernpartitur", schrieb die Neue Zürcher Zeitung.

Konsequenz gegen Toleranz

Auf den ersten Blick hat die Öffentlichkeit Rolf Liebermann über seine Opernarbeit wahrgenommen. Hamburg hat ihn gefeiert, ihn mit Preisen und Ehrenämtern versehen. Es mußte ihn zeitweise mit anderen Metropolen teilen, die ihn auch gefeiert haben, wo er auch Preise und Ehrenämter erhielt. Das Opernpublikum, sogar die Abonnenten „verziehen" ihm die vielen zeitgenössischen Opern, da ja „sonst alles stimmte". Die günstigen Eintrittskarten für die oberen Ränge wurden gut verkauft. Das nahmen bestimmte Publikumskreise schon sensibler wahr, da zum Ausgleich die „besseren" Plätze teurer wurden und auf diese Weise die strenge Kleiderordnung mit Billigung des Intendanten sichtbar aufgelockert wurde.

Rolf Liebermann gehörte in Hamburg zur Gesellschaft der Prominenten, Wohlhabenden, Priviligierten. Über die Medien war die Öffentlichkeit über seine Aktivitäten informiert, darüber, daß er mit den großen Weltstars und mit persönlichen Freunden Gast in Hamburgs Nobelhotel „Vier Jahreszeiten" war. Man wußte von seinen Begegnungen mit hohen Persönlichkeiten aus der Politik, mit Bundeskanzlern und Ministern, mit Staatspräsidenten und anderen internationalen Politikern.

Der Kreis derer, denen nicht entgangen ist, daß Rolf Liebermann ein zutiefst politischer Mensch war, ist kleiner. Nicht zufällig hat Liebermann seine Kontakte mit hohen Persönlichkeiten aus der Politik gepflegt. Er hat seinen Bekanntheitsgrad in den Dienst seiner kulturpolitischen Zielsetzung gestellt, die darin gipfelte, bei den Völkern ein Bewußtsein für eine gemeinsame europäische Kultur zu schaffen. Das geringe Interesse der Menschen an den Europawahlen führte er darauf zurück, daß „man die anderen Völker nicht richtig kennt. Das gegenseitige Wissen darüber, was die Menschen in den anderen Ländern bewegt, ist doch die Voraussetzung dafür, Interesse für ein anderes Land schaffen zu können." Seine Idee war, dafür eigens ein Europäisches Kulturinstitut zu gründen. „Ein kulturelles Europa zu kreieren ist grundsätzlich eine politische Willensfrage", war seine Überzeugung. Mit Blick auf das Pariser „Kulturzentrum Pompidou", für ihn Ausdruck des Willens eines einzigen Präsidenten, träumte auch Liebermann von einer Unterstützung seitens der deutschen Politik. Helmut Schmidt, dem er über die Musik in besonderem Maße verbunden war, stimmte ihm zu, „daß der ‚Impetus der gegenseitigen Befruchtung' im europäischen Kulturleben wieder stärker belebt werden müsse". Aber Rolf Liebermanns Wunsch blieb vorerst Illusion.

Die politische Entwicklung, die im Jahr 1990 zur Einheit Deutschlands und zu großen Veränderungen in Osteuropa führte, löste in ihm Erwartungen aus, die nur wenige mit ihm teilten. Je mehr er durch seine familiären Konflikte und gesellschaftlichen Herausforderungen als Jude im Laufe seines Lebens Toleranz und Liberalität entwickelte, desto sensibler reagierte er nun auf politische Entwicklungen. Mit der Vereinigung der beiden deutschen Staaten sah er eine Chance für ein Deutschland, in das die Erfahrungen zweier Systeme einflossen. An zwei Symbolen hätte er gern verdeutlicht gesehen, daß die Deutsche Demokratische Republik nicht einfach nur vereinnahmt würde, sondern daß sie ihre spezifischen Qualitäten mit in die Bundesrepublik einbrächte. Seine Idee, das Emblem mit Hammer und Sichel nicht einfach aus der deutschen Fahne zu eliminieren, sondern eine Spur davon zu erhalten, konnte er mit Freunden anfangs noch diskutieren. Unverständnis und öffentliches Kopfschütteln erntete er aber mit seinem Vorschlag, die Hymne von Johannes R. Becher, die ehemalige Nationalhymne der DDR, zur gesamtdeutschen Hymne zu erheben, obwohl seine Idee damals sogar von Pariser Zeitungen aufgegriffen worden war. Er fand die Hymne vom Text her passend („Deutschland einig Vaterland"), die Musik moderner, und außerdem war es nach seiner Ansicht eine günstige Gelegenheit,

Die Liebe zur Musik verband Bundeskanzler
Helmut Schmidt und Staatsopernintendant
Rolf Liebermann. Beide brachten sich gegen-
seitig große Hochachtung entgegen. Rolf Liebermann fühlte sich von Helmut Schmidt in seinen
Bestrebungen verstanden, Kultur auch für
das breite Publikum erlebbar zu machen sowie eine
europäische Kultur zu kreieren. Helmut Schmidt
bezeichnete Rolf Liebermann als „großes
Glück für Hamburg". Er habe die Hamburgische
Staatsoper in die Weltspitze und zugleich
auch in die Moderne geführt und 1985 das „künstlerisch zum Teil irritierte Haus wieder geordnet".
Beim Abschied Liebermanns von der Opernbühne
1988 konstatierte Helmut Schmidt: „Rolf
Liebermann hat sich um unsere Stadt
verdient gemacht."

Nach umfangreichen Renovierungsarbeiten
wurde das NDR-Studio 10 am 6. März 2000
mit einem Festakt wiedereröffnet und in
„Rolf-Liebermann-Studio" umbenannt.

von dem in vielen deutschen Köpfen noch spukenden „Deutsch-
landlied" loszukommen. Pubertäre Naivität hatte man dem damals 80jährigen vorgeworfen, der im allgemeinen Freudentaumel
Mut zu wirklicher Neuerung einforderte. Er war zu sensibel, als
daß ihn das nicht hätte tief treffen können. Er, der im Berufsleben
an vorderster Front zu kämpfen gewohnt war, auf dessen Anweisungen ganze Funktionskörper arbeiteten, er zog sich zurück, als
auch sein persönliches Umfeld von seinen politischen Erwartungen wegdriftete. In Hamburg wäre er gern geblieben, im Haus am
Mühlenberger Weg 1, wo er im Wohnzimmer sitzend „die Schif-
fe durch seinen Garten fahren" sah, wo er sich glauben machen
konnte, am „Tor zur Welt" zu sein. Aber er beschloß, Deutschland zu verlassen.
Schon der Abschied aus Salzburg 1985, als er noch einmal nach
Hamburg ging, war ihm nicht sehr schwergefallen. In Österreich,
dem Land mit einem Bundespräsidenten Kurt Waldheim, dessen
Tätigkeit während der Nazizeit bekannt geworden war, hatte er
längst ein „unangenehmes Klima gespürt". Auf einmal war ihm
wieder präsent, wie die österreichische Bevölkerung beim deut-

Rolf Liebermann bei der Enthüllungsfeier seiner
Bronzebüste im Mai 1993 im Foyer der Hamburgi-
schen Staatsoper mit seiner Frau Hélène Vida-
Liebermann und dem Hamburger Bildhauer
Manfred Sihle-Wissel. „Ein merkwürdiges Gefühl,
sich selbst so zu sehen", gestand Liebermann.

schen Einmarsch 1938 den Truppen mit entsprechender Armhal-
tung zugejubelt hatte. Es wäre auch anders gegangen, denn in
Prag, wo er ein Jahr später das gleiche Schauspiel miterleben mußte, stand das Volk mit geballten Fäusten auf der Straße.
Am 8. Dezember 1991 war der Abschied von Deutschland
gekommen. Ohne den Kontakt mit seiner „künstlerischen Heimat" Hamburg abzubrechen, zog Rolf Liebermann mit seiner
Frau Hélène nach Italien. Florenz war sein Jugendtraum: „Die
Stadt, in der der Humanismus begründet und der Einstieg in die
Neuzeit geschafft wurde, hat mich immer gereizt." Florenz ist
auch der Geburtsort der Oper – welch traumhafte Abrundung
eines Lebens, das für die Oper lebte, weil es an sie und ihre men-
schenverbindende Kraft glaubte!
In seinem Haus auf dem mit Olivenbäumen und Zypressen be-
wachsenen Monte Oriolo in der Commune Impruneta, acht Kilometer südlich von Florenz, konnte er seine Medea-Oper vollen-
den. Liebermann hatte sich mit seiner Frau in der Toskana für eine
längere Zeit eingerichtet, aber dann kam es anders. Italien wähl-

te im Jahr 1994 ein neues Parlament, und es gewann der rechte Medienzar Silvio Berlusconi. Auf einmal fand sich Liebermann in einem Land unter drei faschistischen Ministern wieder, und es war augenscheinlich, daß Berlusconi seine Machtposition weiter auszubauen trachtete. „Wenn er neben seinen drei Privatsendern auch noch RAI (Radio Audizioni Italia) in die Hand bekommen will, so daß nur eine einzige Meinung in Italien herrscht, dann habe ich langsam das Gefühl, ich sollte in Paris eine Wohnung finden."

Im Frühjahr 1995, als Liebermann merkte, daß sich sein Umfeld veränderte und der Ton im Kreise seiner Freunde anders wurde, kühler – da zog er nach Paris. In dieser Stadt hatte er sich immer sehr wohl gefühlt. Paris wußte, was es ihm zu verdanken hatte, und umgekehrt. Er hatte hier seine zweite Ehefrau Hélène kennengelernt. Die Liebermanns blieben in Paris, auch als in Frankreich der extrem Rechte Le Pen stark zu werden drohte. „Herrn Le Pen mag ich natürlich so wenig wie die Faschisten in Italien … Was Frankreich betrifft, so gibt es für Le Pen ja noch eine Opposition, das ist Tapie. In Italien gibt es aber keine Opposition mehr."

Am 2. Januar 1999 verlor ihn auch Paris. Die ganze Welt verlor ihn. Es gab kein Begräbnis mit Pracht und großen Reden, die hatte er schon zu Lebzeiten nicht geschätzt. Er stellte sich der Medizin zur Verfügung, damit junge Studenten an ihm lernen – sein letztes Geschenk an die Menschen.

Es gibt kein Grab.

Außer den unauslöschlichen Spuren im kulturellen Leben bleiben:
• der „Rolf-Liebermann-Preis" für Opernkomponisten
• die Bronzebuste Rolf Liebermanns von Manfred Sihle-Wissel im Eingangsfoyer der Hamburgischen Staatsoper
• das „Podium Rolf Liebermann – Konzerte junger Künstler"
• das „Rolf-Liebermann-Studio" des Norddeutschen Rundfunks und
• „Berge von Musik".

Rolf Liebermanns Kompositionen ab 1943 im Überblick

1943   „Fünf Polyphone Studien" für Kammerorchester, Uraufführung (UA) Bern

1944   „Une des fins du monde" (Giraudoux-Cantate) für Bariton und Orchester, UA 1945 Radio Zürich

1945   „Furioso" für Orchester, UA 1947 Darmstadt

1945   „Chinesische Liebeslieder" für hohe Stimme, Harfe und Streichorchester nach Übertragungen von Klabund, UA Radio Zürich

1946   „Das neue Land", Festspiel nach einem Text von A. Ehrismann, UA Basel

1947   „Suite über sechs schweizerische Volkslieder", von ihm als „Gebrauchsmusik für bestimmte Anlässe" bezeichnet. UA New York, dann vom Schweizerischen Rundfunk oft gesendet

1949   „Musique" für Sprecher und Orchester nach Baudelaire und Verlaine, UA Mailand mit Hermann Scherchen als Dirigenten und Agnes Fink als Sprecherin. Dem Stück liegen drei Gedichte von Baudelaire zugrunde: „Tod", „Musik" und „Berauscht euch!". Als erstes Werk Liebermanns im ARS-VIVA-Verlag erschienen. „Musique" hat in seiner viersätzigen Ersten Symphonie Spuren hinterlassen.

1949   Erste Symphonie, UA in der Hamburger Musikhalle mit Hermann Scherchen am Pult als Gast des Nordwestdeutschen Rundfunks

1950	„Streitlied zwischen Leben und Tod", Kantate für Sopran, Alt, Tenor, Baß, gemischten Chor und Orchester nach einem Gedicht eines anonymen deutschen Dichters des 16. Jahrhunderts. Sieger des Wettbewerbs um den Prix d'Italia, ausgeschrieben vom italienischen Rundfunk RAI für hervorragende Radiokompositionen. Deutsche Erstaufführung am 9. Januar 1951 im musikalischen Nachtstudio des Südwestfunks
1950	Klaviersonate für den ungarischen Pianisten Géza Anda, UA 1951 Donaueschinger Musiktage
1952	„Leonore 40/45", opéra semiseria, UA 25. März am Stadttheater Basel
1954	„Penelope", opéra semiseria, UA 17. August Salzburger Festspiele
1954	„Concerto for Jazzband and Symphony Orchestra", UA Salzburger Festspiele mit der Jazzband Kurt Edelhagen. Zweite Fassung Zürich 1980
1957	„Die Schule der Frauen", UA der zur dreiaktigen Oper erweiterten gleichnamigen Kurzoper (UA 1955 Louisville/USA) 17. August Salzburger Festspiele
1958	„Geigy Festival Concerto" für Basler Trommel und Orchester, Auftragswerk für die Feier zum 100jährigen Jubiläum des Schweizer Chemiekonzerns Ciba-Geigy, UA mit dem bekannten Schlagzeuger Fritz Berger
1958	„Capriccio pour Soprano, violon et orchestre", UA 1. März 1959 in der Salle Pleyel in Paris mit dem Orchestre Lamoureux unter der Leitung von Igor Markevitch. Geschrieben für Irmgard Seefried, Sopran, und Wolfgang Schneiderhan, Violine, unter Verwendung von Themen aus den Opern „Leonore 40/45" und „Penelope" sowie aus der Klaviersonate von 1951
1964	„Les Échanges", Stück für 156 Maschinen und mechanische Anlagen, Auftragswerk für die Schweizer Landes-Ausstellung „EXPO 64", Pavillon Échange.
1981	„Essay" für Violoncello und Klavier, UA bei den „Studiotagen Leichter Musik '81", Stuttgart, mit Siegfried Palm, Violoncello, und Aloys Kontarsky, Klavier
1984	„Liaison", Erweiterung des „Essay" für die Instrumente des „Essay" als Soloinstrument und Orchester. UA 21. Februar in der Stuttgarter Liederhalle mit dem Ra-

dio-Sinfonieorchester Stuttgart und Siegfried Palm, Violoncello, und Bruno Canino, Klavier

1984 Musik zu der Fabel „Ferdinand" von Munro Leaf für ein 18köpfiges Kammerorchester und Klaviersolo. UA 9. September in der Hamburgischen Staatsoper unter der Leitung von Christoph Eschenbach mit Justus Frantz am Klavier und Will Quadflieg als Erzähler. Geschenk zum 75. Geburtstag von Kurt A. Körber

1987 „La Forêt", Oper im Auftrag der Genfer Oper und des Radio de la Suisse romande, Libretto in französischer Sprache von Hélène Vida-Liebermann nach der Komödie „Der Wald" von Alexander Ostrowski. UA 8. April im Grand Théâtre Genf unter der Leitung von Jeffrey Tate. Deutsche Fassung 3. Mai 1988 Schwetzinger Festspiele

1987 „Heringsquintett", UA 15. Juni im Forum der „Hochschule für Musik und darstellende Kunst" im Rahmen der von der Hamburgischen Staatsoper in Zusammenarbeit mit der Bayerischen Vereinsbank veranstalteten Konzertreihe „8 1/2"

1988 „Cosmopolitan Greetings", Jazzoper von George Gruntz mit dazwischengesetzten zwölftönigen Knee-Plays von Rolf Liebermann auf Gedichte von Allen Ginsberg. UA 11. Juni in der Kampnagelfabrik in Hamburg zum Abschied Rolf Liebermanns von der Hamburgischen Staatsoper

1990 „Medea-Monolog" für Sopran, Frauenchor und großes Orchester, Text von Ursula Haas. UA 26. August in einem Festkonzert der Hamburgischen Staatsoper und des NDR unter der Leitung von Gerd Albrecht

1991 „3 X 1 = CH + X", Komposition für Solo, großen Chor und Schlagwerk, Auftragswerk für das Schweizer „Fest der vier Kulturen" anläßlich der 700-Jahr-Feier des „Ewigen Bundes" und des Bundesbriefes von 1291, Vertonung des Bundesbriefes der Eidgenossenschaft, UA September im Théâtre du Jorat in Mézières

1992 „Freispruch für Medea", Erweiterung des „Medea-Monologes" zur Oper, Libretto Ursula Haas. UA 24. September 1995 Hamburgische Staatsoper, Leitung Gerd Albrecht

1993	Concerto für Violine und Orchester, unter Verwendung der Motivik des synagogalen Klagegesangs „Kol Nidre". UA 5. Februar 1994 Radio France
1994	„Enigma" für großes Orchester, zum 90. Geburtstag von Paul Sacher, dem langjährigen Leiter des Basler Kammerorchesters und Förderer der musikalischen Moderne. UA 1995 Hamburg vom Philharmonischen Staatsorchester unter der Leitung von Gerd Albrecht
1995	Klavierkonzert, UA mit dem NDR-Sinfonieorchester unter der Leitung von Sylvio Gualda und Massimiliano Damerini am Klavier. Eigenzitat mit einem Thema aus der Ersten Symphonie
1996	Orchesterfassung von Franz Schuberts vierhändiger Klavierfantasie f-moll, UA 3. März 1997 in der Opéra Bastille Paris
1997	„Variationen über ein Appenzeller Thema", eine Appenzeller Streichmusik für zwei Geigen, Hackbrett und Violoncello. Sein Beitrag als ehemaliger Trogener Kantonsschüler und Maturand zur Eröffnung des Festivals „Musik aus den Rhoden". UA im Restaurant auf dem Gipfel des Säntis im Juni
1997	„Die schlesischen Weber", Komposition für gemischten Kammerchor, Streichquartett und Klavier, Vertonung des Gedichts von Heinrich Heine, UA Dezember im Düsseldorfer Opernhaus anläßlich des 200. Geburtstages des Dichters
1998	„Mouvance", Komposition unter Einbeziehung von Jazz für Klavier und die neun Schlagzeuger der Pariser Oper. UA 17. Mai in der Opéra Bastille Paris
1998	„Medea", zur dreiaktigen Oper erweiterte Neufassung von „Freispruch für Medea", UA 1. Juni 2001 Bern

Ausgewählte Literatur

Bermbach, Udo und Konold, Wulf (Hrsg.): Der schöne Abglanz –
    Stationen der Operngeschichte, Hamburger Beiträge zur
    öffentlichen Wissenschaft Bd. 9, Berlin – Hamburg 1992
ders.: Gesungene Welten – Aspekte der Oper, a. a. O. Bd. 10, 1992
ders.: Oper von innen – Produktionsbedingungen des Musikthea-
    ters, a. a. O. Bd. 11, 1993
Bermbach, Udo (Hrsg.): Oper im 20. Jahrhundert. Entwicklungs-
    tendenzen und Komponisten, Stuttgart 2000
Busch, Max W. und Dannenberg, Peter (Hrsg.): Die Hamburgi-
    sche Staatsoper 2 , 1945 bis 1988, Zürich 1989. Daraus
    die Artikel:
            Asche, Gerhart: Ein idealer Intendant – Die Ära
            Rolf Liebermann (1959–1973), S. 44–55
            ders.: Vom Ensemble zum Startheater – Sänge-
            rinnen und Sänger an der Hamburgischen Staats-
            oper seit dem Zweiten Weltkrieg, S. 108–133
            Burkhardt, Werner: Vor der Brandmauer: das
            Musiktheater, Die Rennert-Jahre 1946 bis
            1956, S. 8–16
            Jena, Hans-Jörg von: Ein Portrait des Intendan-
            ten Heinz Tietjen, S. 31–40
            Koegler, Horst: Balanchine als Höhepunkt –
            Ballett in Hamburg vor John Neumeier,
            S. 143–147

Ebelseder, Sepp und Seufert, Michael: Vier Jahreszeiten, Hamburg 1999

Hamburgische Staatsoper 1955, Hamburg 1955

Hamburgische Staatsoper in Amerika, Hamburg 1967

Hamburgische Staatsoper (Hrsg.): Intendant, Musiker – Rolf Liebermann in Hamburg, Hamburg 1999

Hamburgische Staatsoper, Museum für Hamburgische Geschichte und Vereins-und Westbank (Hrsg.): 300 Jahre Oper in Hamburg, Hamburg 1977. Daraus die Artikel:
> Lüth, Erich: Die Hamburger Staatsoper nach der Stunde „Null" (1945–1977), S. 132–157
> Wenzel, Joachim E.: 300 Jahre. Daten zur Geschichte der Oper in Hamburg, S.158–171

Liebermann, Göndi: Spannungen – Mein Leben mit Rolf Liebermann, Düsseldorf 1985

Liebermann, Rolf: Actes et Entractes, 1976; deutsch: Opernjahre – Erlebnisse und Erfahrungen vor, auf und hinter der Bühne großer Musiktheater, Bern – München 1977

ders: Und jedermann erwartet sich ein Fest, Frankfurt/Main – Berlin – Wien 1981

Maack, Rudolf: Tanz in Hamburg, Hamburg 1975

Müller-Marein, Josef und Reinhardt, Hannes: Das musikalische Selbstportrait, Hamburg 1963

Riess, Curt: Rolf Liebermann – Nennen Sie mich einfach Musiker, Glöss-Verlag 1978

Scharberth, Irmgard und Paris, Herbert: Rolf Liebermann zum 60. Geburtstag, Hamburg 1970

Scharberth, Irmgard: Musiktheater mit Rolf Liebermann – Der Komponist als Intendant, 14 Jahre Hamburgische Staatsoper, Hamburg 1975